高考赢在心态

王极盛访评 36 位高考状元

王极盛 著

学苑出版社

图书在版编目（CIP）数据

高考赢在心态：王极盛访评 36 位高考状元 / 王极盛著．
—北京：学苑出版社，2021.6
ISBN 978-7-5077-6201-3

Ⅰ．①高… Ⅱ．①王… Ⅲ．①高考—学习心理学 Ⅳ．① G442

中国版本图书馆 CIP 数据核字（2021）第 128146 号

责 任 编 辑：任彦霞
出 版 发 行：学苑出版社
社　　　　址：北京市丰台区南方庄 2 号院 1 号楼
邮 政 编 码：100079
网　　　　址：www.book001.com
电 子 信 箱：xueyuanpress@163.com
联 系 电 话：010-67601101（营销部）、010-67603091（总编室）
印　刷　厂：保定市彩虹艺雅印刷有限公司
开 本 尺 寸：787×1092　1/16
印　　　　张：14.75
字　　　　数：205 千字
版　　　　次：2021 年 7 月第 1 版
印　　　　次：2021 年 7 月第 1 次印刷
定　　　　价：58.00 元

前言

高考，中国的第一大考，今年参加高考的人数已达到 1078 万人，创历史新高。

举国上下，万目关注高考。

什么事情都有规律，高考也有规律。

为了探究高考规律，我对两个高考群体进行重点研究，一个是考得好的群体，一个是考得差的群体。考得好的，超常发挥的群体的代表是高考状元，考得差的，发挥失常的代表群体是复读生。

近几年来，我对数百位省级高考状元进行面对面一对一的访谈，得出两个结论。

第一个结论是，高考成功是实力加心态，调节好心态是高考成功的一半，数百位省级高考状元用的不同文字表述高考成功的两个最主要因素，一个是好心态，一个是实力强。在影响高考成功的 20 个因素中，按照在高考成功中的作用大小，排在第一位的是考生考场中的心态，第二位是考生考前的心态，第三位是学习方法，第四位是学习基础。

第二个结论是，心态可转化为分数，包括五个内容：第一，调好心态可以超常发挥 50 至 100 分；第二，发挥失常可失去 30 至 100 分甚至更多；第三，平时考得好，高考未必考得好，关键在于心态。第四，平时考得不好，高考未必考不好，关键在于心态。第五，心态好，提分快；心态差，丢分快。

我对1000多名复读生进行了调查研究与实证研究，结果表明：心态差、心理健康水平低、心理素质差是考生发挥失常最重要、最常见的因素。

无论是从考得好的状元群体，还是考得差的复读生群体的研究都表明：心态、心理健康水平、心理素质水平是高考成功最重要、最关键、最起作用，也是最被多数人忽视的因素。因此，实施素质教育，加强心理健康教育至关重要，势在必行。

超常发挥的考生大都具有阳光辩证的心态，书中被采访的同学辩证的认知，对调整心态都起着重要作用。例如平时考得好，应当高兴，平时考得差，应当庆幸；不能改变现实，但能改变心态；跃跃欲试迎高考……这些都是值得考生借鉴的。

今年6月7日高考是我第22年来到中国人民大学附属中学考点进行实地调研，今年人大附中考点的社会心态是很平和、很稳定、很积极的。国家强盛，社会和谐，充分体现在高考学子们的身上。

随着我国改革，特别是教育改革的不断推进与深入，我们越来越坚信我们的教育是能够培养出杰出人才的，能够培养出德智体美全面发展的社会主义建设者和接班人。

中华民族伟大复兴一定要实现，中华民族伟大复兴一定能够实现。

本书收编了对36位高考状元的访谈实录，被采访者的排序是按着采访时间的先后顺序确定的。谢谢高考状元同学对采访的积极支持与配合。感谢任彦霞编辑的精心修改，感谢我爱人李春荣女士的全力支持与帮助，感谢科学技术部国杰研究院人才开发交流中心主任、教育部中国老教授协会离退休专业技术人才开发中心主任冯炳磊研究员的大力支持与关照。

王极盛

2021年6月10日于北京

目 录

期中考试班里倒数第一名，高考时全省第一名
  ——访评高考江西省文科状元李江雁   / 001

跃跃欲试迎高考
  ——访评高考广东省文科状元陈俊任   / 010

不能改变现实，但能改变心态
  ——访评高考江苏省文科状元潘怡婧   / 018

一模 570 分，改变心态，高考 664 分
  ——访评高考辽宁省文科状元徐美辰   / 024

二模没考好，爸爸一句话，高考成为状元
  ——访评高考河北省文科状元陈璐   / 032

模拟考试地理不及格，调整好心态，高考成状元
  ——访评高考江西省文科状元王沛嘉   / 037

输掉保送，赢回状元
  ——访评高考江西省理科状元龚书恒   / 043

复读一年，心态一直很平和
  ——访评高考广西壮族自治区文科状元陈君   / 049

实力与心态各占一半
  ——访评高考广西壮族自治区文科状元黄嫣   / 054

临到高考时，心态平和淡定
  ——访评高考云南省文科状元赵楚然   / 060

模拟考试数学考 150 分不高兴，考 130 分反而高兴
  ——访评高考重庆市文科状元蔡妮芩   / 066

几乎天天都调整心态
　　——访评高考云南省文科状元高扬　　/ 072
把高考权当作练习
　　——访评高考陕西省文科状元孙凌　　/ 078
我是靠思维取胜的
　　——访评高考陕西省理科状元闫欣　　/ 085
为了自己的学习　就要脸皮变得厚一点
　　——访评高考山东省文科状元韦薇　　/ 092
我觉得心态比实力还重要
　　——访评高考浙江省理科状元卢毅　　/ 098
离高考前一个多月才开始用心准备高考还成了状元
　　——访评高考广西壮族自治区理科状元陈亚玲　　/ 105
高三模拟考试长期中上等　怎么考上北京大学
　　——访评高考广东省理科状元林瑞辉　　/ 113
高考考的确实是一个心态问题
　　——访评高考宁夏回族自治区文科状元万木春　　/ 120
调整心态　注重沟通
　　——访评高考四川省文科状元陈璇卿　　/ 126
保持一个良好的心态
　　——访评高考北京市文科状元史小楠　　/ 131
我肯定不是神童
　　——访评高考河北省文科状元张涵冰　　/ 138
数学没考好，她克服了沮丧
　　——访评高考内蒙古自治区文科状元罗佳媛　　/ 146
高三前两次月考都没考好
　　——访评高考辽宁省文科状元朴英　　/ 152
我整天过得非常愉快
　　——访评高考黑龙江省文科状元郑莲　　/ 158

从来没有想过要考多少名
　　——访评高考福建省文科状元邱石　　　　　　　/ 163
考前情绪低落时怎么办
　　——访评高考江西省文科状元刘黎君　　　　　　/ 168
通过考试发现问题是好事
　　——访评高考山东省文科状元李洋　　　　　　　/ 172
二模604分，高考704分
　　——访评高考北京市理科状元陆程远　　　　　　/ 178
从小立志要拿诺贝尔奖
　　——访评高考天津市理科状元张继涛　　　　　　/ 190
通过自信调整心态
　　——访评高考辽宁省理科状元刘隆　　　　　　　/ 195
克服恐惧感，学数学就没有问题了
　　——访评高考黑龙江省理科状元孙超　　　　　　/ 199
不要总是去想自己的名次
　　——访评高考江苏省理科状元张璇　　　　　　　/ 205
高三一次数学考试，班里倒数第一
　　——访评高考浙江省理科状元孙思思　　　　　　/ 210
高考无权决定你何去何从
　　——访评高考广东省理科状元李博萌　　　　　　/ 218
考前看了很多心理调节的文章
　　——访评高考广东省理科状元李炜　　　　　　　/ 223

期中考试班里倒数第一名，高考时全省第一名
——访评高考江西省文科状元李江雁

> **状元金句**
>
> 我认为考得好应该高兴，考得差应该庆幸，因为可以发现自己需要改进和提高的地方。

王极盛： 李江雁同学，祝贺你考入北大，并成为江西省的文科状元！你曾经考试在班里是倒数第一名，最后成了高考状元。请你谈一谈你是如何调整心态的。

李江雁： 好的。我在高一、高二时成绩并不是非常拔尖。我们班的同学，实力都不弱，没有常胜将军。

王极盛： 你考倒数第一名是哪次考试？

李江雁： 高三上学期的期中考试。

王极盛： 你高三一开学考试了吗？

李江雁： 考了。

王极盛： 成绩怎么样？

李江雁： 就是班上二十多名吧，年级是四五十名。

王极盛： 你所在年级当时有多少人？

李江雁： 1000人左右。

王极盛：很靠前。

李江雁：我那次考倒数第一名，最主要原因是我当时有不求上进的心态。考试成绩出来后我就找原因，发现自己是因为看小说，后来，我就不看了。考得不好，我会分析原因。如果每次考试都能把自己的漏洞找出来，这才是最大的收获。特别是高考前的几次模考。我认为考得好应该高兴，考得差应该庆幸，因为可以发现自己需要改进和提高的地方。

王极盛：考得好应该高兴，考得不好应该庆幸，这很经典。

李江雁：我一直都是以这种心态来面对高三任何的考试。

王极盛：这次考试的失败之后，你把自己的心态调整好了之后，成绩上去了吗？

李江雁：心态调整之后，我再考试就是全班第二，全年级第五名。之后，我反思了很多，而且充分认识到高考在人生中的重要作用。在那之前，我是不太努力的。在那之后，我就非常努力，很多同学都说我像变了一个人似的。

王极盛：第一次模考成绩怎么样？

李江雁：我的一模、二模成绩都非常差，班上是三十多名。我当时非常沮丧，但我有一个好妈妈。当时，她就不断地鼓励我，妈妈曾经告诉过我一句话："如果遇到难题就想：题难，人难，我不畏难；题易，人易，我不大意。"所以，我不会因为考试题目的难易而影响考试的心态，也不会想考试的结果。

王极盛：你当时考试成绩是二三十名，心里不慌吗？

李江雁：慌啊。妈妈就请我以前的老师给我打电话，以使我的心情平静。我们是实验班，大家的成绩都很好，那么在高考的时候，谁的心态好，谁发挥得好，谁的成绩就会好。我想，这就是所谓的"得心态者，得天下"。

王极盛：你在高考前，6月6日晚上心态怎么样？

李江雁：高考前的一个下午放假，我就去看考场。

看完考场后回到家，吃完饭后就和父母一起出去逛街。逛街的时候，还玩了玩那种"打老鼠"的游戏。

我那天晚上是 11 点钟上床休息,和平常一样。我觉得没有必要因为高考改变自己平时的习惯。很多同学还说,考试的时候要背新书包,用新文具,穿新衣服。可是,我觉得就用平常的就可以了,这样才不至于有一种陌生感和恐惧感。熟悉感其实在高考中挺重要的,熟悉感可以帮助稳定心态。

王极盛:那一发卷子下来你的心态怎么样?

李江雁:有一点点紧张,然后,就深呼吸了一下。

王极盛:我非常赞成你的上述观点,平时怎么样,高考时就怎么样。

李江雁:是这样的。

王极盛:你在考试的过程中碰到难题有没有心慌?

李江雁:"题难,人难,我不畏难。"如果对一道题目我在 5 分钟之内没有任何思路的话,我就会选择放弃,再做其他的题。因为,我不是只考这一个题目,而是整个考试。

王极盛:发榜之后,知道自己是状元心情怎么样?你是怎么知道自己是状元的?

李江雁:是老师发短信告诉我的。那一瞬间简直是太高兴了。

王极盛:北大和清华招生办的老师找你了吗?

李江雁:找了。

王极盛:我插一句话啊,我是北大毕业,我的哥哥、嫂子、儿子都是北大毕业。就个人感情来说我非常喜欢北大。但是,北大是文科和理科都是第一,清华是工科第一。水利、建筑、电子工程等专业清华是第一。

李江雁:是的,这些我都了解,选择哪个学校和长期的目标及自己的兴趣都有很大的关系。我当时就回绝了清华,选择了北大,选择北大也是我由来已久的愿望。但是,妈妈希望我再考虑考虑,因为,她有一位同学在清华做教授。她是比较细腻的人,这一点与我不同,我就没有再考虑,直接做出了选择。

王极盛:你自和北大签约之后一直到开学前,心理状态有什么变化吗?

李江雁：还比较平静吧。我对大学没有特别强烈的向往。但是，开学后听了厉以宁教授的讲话，觉得自己的责任重大，应该继续努力。整个暑假可能比较放松，但是，上了大学后，应该继续奋斗，因为，上了北大并不是保障，要有危机意识。我们如果不努力，还是有可能落到众人之后的。我想每个人都应该有冒尖的心理，同时也应该有一颗平常心。就是说，如果得不到也没关系，但是，一定要有这个努力的过程。也许这种想法挺矛盾的，但是，我想有冒尖的心态，同时，有努力的行动才能在有平常心的情况下保持优势。

王极盛：你的心态比较好，我想这可能也是你们这代年轻人的性格特点。我接触过很多90后，他们都心态好，有个性，有自己的想法。这和我们20世纪50年代的大学生有很大的不同。我也研究过不同时代的大学生的特点。

前一段时间人民网还采访过我，问我各个时代的大学生的精神面貌有什么差别，问我们20世纪50年代的大学生有什么特点，那个时代的大学生有没有拥抱和接吻的。我说当时这样的情况很少见，可以说几乎没有。当时的大学生都是以学习为主，非常刻苦、努力。当然，我感觉20世纪60年代、70年代、80年代、90年代的大学生也很努力，每个时代的大学生都有不同的个性特点。

不仅仅是学习方面，我们那个时代吃饭也是很简单。当时北大最大的食堂，也是我们常去的就是北大的大饭厅，每天就是一个菜，天天如此。不像现在的大学生物质生活很丰富，但我们那时也不感觉到苦，觉得也过得不错，很充实。这就是我刚才说的每个时代有每个时代大学生的特点，你们现在是物质生活和精神生活都很丰富，是很幸福的一代。

李江雁：是的，我们是很幸福。但是，我觉得我们也不能太奢侈，还应该坚持生活朴素。我们应该向各个时代大学生的优势和长处学习，同时加上我们自身的特色，这样才能成为新一代的人才。

用什么为高考护航

高考结束后,在6月底,各地高考状元纷纷登台。其中,给我印象最深的就是江西省文科状元李江雁。最引起我关注的是她在高三有一次考试中竟是班里的倒数第一名,但最后高考一举成为该省的文科状元。因此,我最想访谈的就是李江雁同学。

我之所以急于访谈李江雁同学有三个原因。

第一,好奇心驱使我揭开从一次模拟考试班里倒数第一名,一跃成为全省高考状元的秘密。

第二,以我职业的本能心理猜测她的突变的核心因素是心态。因为我研究高考25年,接触了大量的考生成绩变化的事例,大多数是由于心态的转变,使成绩节节上升或者巨变。当然也有心态急转直下造成高考严重失利,丢掉300分的事例,甚至高考1分不得的事例。我的研究证明,掌握知识获得考试分数的速度远远慢于心态变化获得考试分数的速度。我想揭示她的心态变化的状况和表现。

第三,我研究高考的目的是总结高考规律,使考生掌握高考规律,获得成功。我常常说什么事情都有规律,高考也有规律。考生掌握高考规律,就一定会成功;违反高考规律,就要遭受挫折。我认为,李江雁同学平时的一次考试到高考的考试成绩的戏剧性变化具有非常大的震撼力,使后来的考生感悟到心态调整的重要性,从而更加重视从提高心理素质的途径来提高高考的成绩,确保正常发挥,力求超常发挥。

和李江雁同学面对面地交谈后，我觉得李江雁同学高考成功并成为省级高考状元最关键、最核心的因素在于心态好。

阳光、辩证的心态

李江雁同学具有阳光、辩证的心态。其主要表现为：

第一，遇到挫折时不垂头丧气，善于从心态方面找原因。

李江雁同学在高三上学期的一次考试中是班里倒数第一名。对很多同学来说，遇到这种情况是一个很大的生活事件，即产生重大的心理压力，甚至精神打击。但李江雁同学并不是如此。她分析了自己那次考试失利的原因，找出了自己是看小说看多了的原因。

李江雁同学一旦找出自己失利的原因，就坚定地去改正。用她自己的话来说就是，在这之前她不怎么努力，在这之后她就非常努力，很多同学都说她像变了一个人似的。这就是心理素质的提高。

我遇到了不少同学，考试成绩不好首先是垂头丧气，失去信心，否定自己。这样一种不良心态会进一步造成不努力、不发奋，甚至是一蹶不振。高三是克服困难、战胜挑战的一年，不可能一帆风顺的，挫折甚至是不可避免的。只有遇到挫折时沉着应对、查出原因、坚决改正，才会成功。

第二，李江雁同学对平时考试的心态是：考得好应该高兴，考得差应该庆幸。这是典型的对待平时考试阳光和辩证的心态。我在这里想起采访高考重庆市文科状元蔡妮苓时，她曾经说过一句话，我至今记得很清楚。她说："平时模拟考试数学题简单的话我考150分（满分），我不高兴。因为这次考试对我来说没有什么收获。如果考了130分，特别是错了选择题，我心里会很高兴。因为，有了收获，发现了错误，就能避免高考中再犯错误。"可见，高考状元阳光、辩证的心态是共有的。

我的研究体会是，对平时考试能否具有阳光的辩证心态是高三一年学习成绩能否稳步提高，高考时能否正常发挥，甚至超常发挥的一个决定性因素。不少考生对我讲："王老师，真奇怪，高三这一年大大小小的考试，我几乎是这一次考差了，下一次就会好一些。下次考好一些，再下一次又会差一些，甚至是这样循环下去，为什么？"经过多年的调查研究，我认为每个人的情况不同，原因也不尽相同。几乎一个共同的原因是对考试结果的心态问题。换句话说，对考试心态的变化是这个问题的主要原因。

有的同学这一次考差了，就觉得自己应该努力，在这个意义上讲，考试不利的压力变成了动力，继续努力，终于第二次考试有付出就有收获，考得就比较好。考好了之后，有些同学自觉和不自觉地就有些松弛了，压力变小了，动力变弱了，下一次考试成绩又不太好了。

第三，李江雁同学阳光、辩证的心态表现为对平时考试以至于高考的平和心态，即"题难，人难，我不畏难；题易，人易，我不大意"。这种心态就确保了高考不受外界因素影响，不受攀比因素影响，使自己心态保持一种平和状态，确保高考时正常发挥。

考试的难易程度总是变化的，考生受考试难易程度的变化而心态发生重大变化，是发挥失常的常见原因。

我曾经在北京市知春里中学考场外遇到一个考生，在数学考试开考40多分钟后就出来了。他的过早走出考场引起我和很多在考场外等候的考生家长的惊奇目光。我就走上去问他："你怎么这么早就出来了？"他嘴里骂骂唧唧地说："什么老师出的数学题这么难，还怎么考啊？明年再说吧。"

我认为这个考生的失败就在于心态差，被题难吓倒了。大家都知道高考是选拔赛，是竞争，在考题面前，人人平等。题难大家都难，题易大家都易。这就是高考出题的公平所在。水涨船高，对所有考生都是如此。虽然我刚才说这个因数学题难退出考场的考生是个别的，但是因为题难心态发生变化、信心受到挫折的考生大有人在。

我常听到有的考生给我讲："王老师，今年的数学题比去年难多了。卷子发下来后，我大致翻了一遍，感觉完了，至少比去年的卷子我会差20分，我的心里马上就乱了，注意力也不集中了，心想理想大学的希望将要破灭了。"这就是一种常见的在难题面前出现心态变化的例子。这样的同学就没有想"题难，人难，我亦难"。难对大家都是公平的，谁在难题面前能"转危为安"，关键在于心态，即"题难，人难，我不畏难"。

有的考生看到试卷题比较容易，心态发生变化，注意力松懈，警觉性降低，思维也不严密了，造成考试失利。

从我的经验判断，这句话最早不是出于李江雁同学之口。我记得在过去的高考心态研究中不止一名考生给我讲过这句话。虽然有不少考生知道这句话，但他们未必都能按照这句话去对待考试题目的难易，未必都能按照这句话去调整心态。而李江雁同学却实践了这句话，不仅知道而且去实践，做到了知与行的统一，这是非常难得的。

第四，李江雁同学阳光、辩证的心态的一个重要表现是"得心态者，得天下"。李江雁同学这句话让我觉得她的思想很有新意。这句话的意思就是心态好，考得好，心态是决定高考成功的因素。能说出这样的话，也是李江雁同学心态好、善于创新的一个表现。

这句话使我也很受启发，我虽然研究高考25年，而且重点研究心态在高考中的作用，心理素质在高考中的地位，我也提出了一些研究结论，例如"心态好，考得好""调节好心态是高考成功的一半"，但是，听了李江雁同学这句话后，我觉得她说得比较形象、生动，富有新意。而且，关键的是她实践了这个道理。

第五，平常心对待高考。李江雁同学高考前一天晚上11点钟左右睡觉，和平常一样。她认为没有必要改变自己平时的习惯，平时几点睡就几点睡，没有必要早睡。

我每年在高考前给同学们讲课，也叮嘱同学们考试时没有必要买新文具，穿新衣服，否则的话，不利于以平常心参加高考。你看，李江雁同学也对我说："很多同学还说，考试时候要背新书包，用新文具，穿新衣服。

可是，我觉得就用平常的就可以了。这样才不至于有一种陌生感和恐惧感。熟悉感其实在高考中挺重要的，熟悉感可以帮助稳定心态。"

  我当时听了李江雁同学这些话，觉得她对以平常心对待高考深有体会，和我对考生讲课叮嘱考试前后要以平常心对待高考的意思几乎一样。但我觉得她未必看过我研究高考的书，而是从自己高考心态体验中悟出来的切身体会。

跃跃欲试迎高考
——访评高考广东省文科状元陈俊任

> **● 状元金句 ●**
>
> 我想我复习了这么久,高分是必然的,状元是偶然的。

王极盛:陈俊任同学,祝贺你考入北京大学,并成为广东省文科状元!

陈俊任:谢谢老师!

王极盛:在迎接高考的过程中,你有什么样的心理问题?怎么调整心态的?

陈俊任:上高三之前,老师就对我们说不要把高三想象成炼狱般的生活或者是无味的白开水,要用一种享受的心情和态度去迎接这一年的到来。后来,我就一直抱着这种态度度过高三的生活,高三生活中那种充实和快速的节奏吸引了我。当然,中间也会有一些问题,比如,自己心理预期很高,考试成绩没有达到预期,就会很沮丧。

王极盛:你举个例子?

陈俊任:学校的第一次联考,我自己的估分大约是670分,成绩出来了,只有640分左右。我自己就很郁闷,老师找我谈话。我很喜欢跑步,于是就到操场上跑了几圈,很快地跑,抒发自己心里的那种不服气。我也没有沉浸在沮丧的情绪中。

之后我就冷静地分析了自己的试卷,与标准答案一起分析,找出差距，发现我还是有希望的，自己又振奋起来了。以后的每次模考我都是这样冷静分析试卷和答案，而不是过分在意分数。

王极盛：以后还有情绪波动吗？

陈俊任：没有了。

王极盛：你一模的成绩是多少啊？

陈俊任：675分。

王极盛：二模呢？

陈俊任：679分。

王极盛：你高考前几天心情稳定吗？

陈俊任：很稳定。当时，很期待，跃跃欲试，总觉得，学习了这么久，终于有了展现自己的机会。老师问我紧张吗，我说一点也不紧张。

王极盛：你6月6日心态怎么样？

陈俊任：心态也很好啊。很积极，很期待，很想去考试。

王极盛：别人很怕考试，你是很想去参加这个考试。

陈俊任：是的。我觉得这是个证明自己的机会。当时，不仅心理状态很好，生理状态也很好。是前几次模考都没有达到的状态。

王极盛：进入考场之后心态怎么样？

陈俊任：刚进入考场时有一点点紧张，但是，深呼吸了一下，很快就调整过来了。然后，做着做着题就忘了是在高考了，就觉得和平时的考试一样。

王极盛：你这是用一颗平常心去参加高考，这和你的好成绩有直接关系。

陈俊任：对，我妈就经常对我说要有一颗平常心。

王极盛：你认为心态在高考中能占多大的比重？

陈俊任：让我想一想。应该是40分左右。我认为，实力也很重要。

王极盛：你成为高考状元，与心态有关系吗？

陈俊任：有，有很大的关系。我的年级主任对我说，在全省和我实力相当的人有100人左右，最后，谁能成为状元，是机遇的问题，是可遇不可求的。所以，我当时就感觉没有压力了。我想我复习了这么久，高分是必然的，状元是偶然的。

王极盛：你还有心态好使你高考发挥好的事例吗？

陈俊任：考完语文之后，我心里就一慌，中午回到宿舍后，我就想就算我语文没考好，下午的数学和明天的英语都是我的强项，我都会考好的。

下午数学考试，我的分数挺高的。在考数学的过程中我就忘记了上午的语文考试，真正达到了我们老师说的考一科忘一科的境界。知道成绩后，语文考得也不差，我就庆幸当时没有继续存在焦虑的情绪。

王极盛：主流心态还是很平静、很积极的。

陈俊任：是的。

王极盛：你得知自己成为状元之后，心情怎么样？

陈俊任：一开始的时候感觉很高兴，后来就很平静，再后来，我自己就忘了我是状元了。只是外界在不断地提醒我是高考状元。

王极盛：到了北大之后，英语分级考试考完了吗？

陈俊任：考完了。

王极盛：几级啊？

陈俊任：四级。

王极盛：最好的？

陈俊任：是的，年级第二名。

王极盛：光华管理学院年级第二名？这可不简单啊。

陈俊任：谢谢！

王极盛：小姑娘有志气，心态好，前途无限！

陈俊任：谢谢！

高考不是炼狱

我与陈俊任同学交谈后,她给我的总的印象是:她是一位阳光灿烂的女孩。她心态很阳光,心理素质好,人小志气大,有一股年轻人的朝气蓬勃和勇往直前的拼搏精神。

享受高考

陈俊任同学的心态好,心理素质高。我认为表现在以下方面。

第一,她以一种享受的心情和态度迎接高三这一年,并度过了高三这一年。她说高三生活中那种充实和快速的节奏吸引了她。她在谈到高三感想时写道:很充实,很快乐。这是以一种积极、阳光的心态对待高三和高考的体现,这也是她最值得高三的同学借鉴的地方。

不少同学对我说:"上了高三是炼狱的一年,甚至是不堪回首的一年,充满了恐惧的一年。"这是一种消极的、悲观的心态。以积极的心态还是以消极的心态对待高三和高考,后果是完全不一样的。积极阳光心态提高高考的分数,陈俊任同学就是典型的案例。她考取了北京大学,成为高考广东省状元。那种以消极悲观心态对待高三和高考的同学势必影响高考的发挥,从而降低高考的成绩。我在这里想再谈一下陈俊任同学的人生格言:心宽无处不桃源。这是一种多么豁达、乐观、积极向上的心态。反映在对待高三和对待高考中,就是以一种享受的态度和心情去迎战。

第二,以积极阳光的心态去对待挫折。生活不是一帆风顺的,学习不是一帆风顺的，工作也不是一帆风顺的。这是不以人的意志为转移的。高三这一年不是一帆风顺的，高考也不是一帆风顺的。关键是如何对待挫折，是以一种积极的、阳光心态对待还是以一种消极的、悲观的心态对待，后果大不一样。

陈俊任同学在高三一年当中也遇到了挫折，例如学校第一次联考，预测670分左右，结果考了640分左右，心情很苦闷。老师曾经帮助过她，她也很会调整心态。

我曾经给同学们讲，把自己心中的郁闷、焦虑、心事释放出来，就是自己成功地调节心态的一半。把话说白了，人人都有压力，人人都有心事。这些压力和心事，不要憋在心里，憋的时间长了，就会出现心理问题，甚至是心理疾病。及时地释放压力，心态就会趋向平和。心态调节的一个重要方法是宣泄法，宣泄法就是把自己心中的压力、苦闷、心事以不同的方式释放出来。通常我讲课讲宣泄法的四种形式，第一种形式是倾诉法，第二种是书写法，第三种形式是运动法，第四种形式是哭泣法。

陈俊任同学联考成绩不理想，心情沮丧，她就到操场上跑了几圈，很快地跑，抒发自己心里的不服气。这是利用运动法来进行宣泄的典型案例。陈俊任同学很快地走出沮丧的情绪，冷静地分析自己试卷之后找出差距，情绪又振奋起来了。而且，把这种积极的心态贯彻在以后的每次模拟考试当中。其后的每次模考她都冷静地分析题目和答案，而不是过分在意分数。我曾经给同学们讲课反复说明，模考的成绩当然很重要，比模考成绩更重要的是对待模考的心态。

我大量的研究结果表明，模考考得好是好事，但对待它的心态不好，例如，骄傲自满，其后的考试成绩就会下降，甚至大幅度地下降。模考考得不好，本身是坏事，但是对待模考的心态好，其后的考试就会考得越来越好。最典型的案例之一就是高考江西省文科状元李江雁，一次模拟考试，她竟是班里倒数第一。但她对这次考试成绩的态度是积极向上的，心态很好，其后成绩节节上升，最后高考竟是江西省文科成绩最高者。

总之，高三这一年，会有困难和挫折，关键是以何种心态对待它。因此，可以说，对高三的困难和挫折的心态制约着模考成绩与高考成绩。

第三，临战士气高昂。陈俊任同学说她临考前心态很稳定，期待着高考，处于跃跃欲试的状态。盼望展现自己的机会终于到了。她不仅心态特别好，生理状态也很好，全身心地进入了高考战备状态。她自己说："当时精神特别好，是前几次模考都没有达到的状态。这是一种临战的高昂士气。最佳的心态，最佳的考试状态，是高考必胜的心态。"

在现实高考中，有不少同学是临战前心中充满着恐惧、惊惶不安。有的考生对我说："高考前几天就很害怕。吃不好饭，睡不好觉。"还有的考生对我讲："临近高考，注意力集中不起来，时常想高考失败的悲伤情景。"还有的考生对我讲："王老师，高考前几天，上卫生间的次数比过去增加了几倍，甚至有时一小时去两三次，大热天我还觉得手出冷汗。"还有的考生对我讲："高考前，我特别害怕，一做题手就发抖。"这些同学说的都是一些高考前消极心态的表现，士气低落，充满了焦虑、恐怖的心理气氛。

考前的心态、考前的士气不同，对高考将产生直接的影响。像陈俊任同学这种临考前高昂的、积极的、必胜的心态必将提高高考的成绩，而像我刚才所说的有些同学消极的、恐惧的、悲观的心态必然会给高考减分。这充分说明心态就是分数。心态就是分数不仅表现在考试中，也表现在临考前。

第四，陈俊任同学以辩证的心态看待高考成功规律。我研究高考25年，揭示了高考成功规律为八个字：高考成功≈实力＋心态。陈俊任同学在回答高考成功的原因时写道：实力强，平常心。她和我总结的高考成功规律是一样的。即高考成功两大核心要素，一是实力，二是心态。我总结高考成功规律的主要来源之一就是访谈高考改革以后11年的高考状元。

我在讲课时说：实力指的是考生掌握知识及运用知识解决问题的水平，实力是高考成功的基础，是高考成功的硬件。心态是高考成功的软件，起调节作用。我问陈俊任同学心态的作用时，她说："心态主要起一种调节作用。心态好，发挥好，高考成绩好。"但同时陈俊任同学也对我说："我认为，实力也很重要。"这就是陈俊任同学以辩证的心态对待高考成功规律，既重视实力，也重视心态。

第五，陈俊任同学认为高考状元与心态有很大的关系。她的年级主任也告诉她，在广东省和她实力相当的人有100人左右。谁能成为状元是个机遇问题，是可遇不可求的。她当时就觉得没有压力了。但她高就高在尽管知道状元是可遇不可求的，但心态好，这是状元成功最关键、最重要、最核心的因素。正如陈俊任同学所说："我复习和学习了这么久，高分是必然的。"每省都有前一二百名考生的实力是不分上下的，但是，谁成为状元，谁成为省级第一名靠的就是心态。心态好，发挥好。高考是一分之差，千人之后。

我多少年的研究结果表明，全省高考第一名、第二名的分数之差往往仅是1分。例如，全国高考北京市理科状元杨颂与北京市理科第二名杨竞是同班同学。他们之间的分数只差1分。

全国高考浙江省理科状元卢毅曾经对我说："心态太重要了。你平时就是这个实力，心态好不好，考试成绩相差100分都有可能。"当年高考时他的同学在高三一年的平时成绩都比他高，他总是第二名，但是在高考中他第一次超过了同学，成了理科第一名。其实，他在高考中仅比历来第一名的同学高1分。

第六，考试过程中及时调整心态也是陈俊任同学心态好的具体表现。陈俊任同学第一门语文考完后，心里就慌了一下。但陈俊任同学很会调整心态，她想下午的数学考试和明天的英语考试的科目都是她的强项，她都会考好的。这样一想，心态就调整过来了。下午的数学考得相当好。在数学考试过程中就忘了上午的语文考试，真正达到了考一科忘一科的境界。知道成绩后，语文考得也不错，陈俊任同学很庆幸当时没有把自己的心情耽误在语文考试那种焦虑的情绪当中。

我在这里特别想说明，有些心态不好的考生，第一门语文考试后觉得自己没考好，马上心态急转直下，对后几门的考试也丧失了信心，甚至造成高考落榜。对待第一门语文考试的心态对后几门考试有非常重要的影响。

我举两个例子。高考安徽省文科状元曾对我说："高考第一门语文觉得没考好，走出考场后觉得很沮丧，但我想以后四门课都是我的长项。如果我把后面的考好了，就能弥补我的不足。我调整了心态后四门课都发挥得很好。后来才知道我的语文考了130多分，我当时估计只是100分左右。"

高考内蒙古自治区文科状元罗佳媛高考时数学发挥不好，心情特别低落，回家后躺在床上什么都不想干。看见书架上王极盛著高考采访状元的书，看到有些状元也是前一两门没考好，调整了心态，后面考得很好。受到启发后，心情就很轻松了，就开始复习文综和英语。第二天发挥得确实不错，她的文综和英语都考出了历史上的最高水平，她的英语还拿了一个自治区单科第一名。根据我多年对于状元的研究，状元成功的必然性一是实力强，二是心态好。包括考试中某一门课没考好，或者是认为没考好，及时地、有效地调整心态，其他课也能考得很好。

不能改变现实，但能改变心态
——访评高考江苏省文科状元潘怡婧

> **状元金句**
>
> 无论结果怎么样，自己努力了就行了。

王极盛：潘怡婧同学，首先祝贺你考上北京大学，并成为高考江苏省状元！我们先来谈一谈你高考前和高考期间的心理问题。你在高三和考前的心态怎么样？

潘怡婧：高三时因为学习比较紧张，大家都难免有一些精神压力，感到很焦虑。通常在这种情况下，我都会和同学们聊聊天，这样可以排解一下负面情绪。如果感觉情况比较严重时，我们就会到学校的心理辅导室去寻求老师的帮助，或者是参加一些心理讲座，这些对我们的心理调节和保持良好心态的帮助都挺大的。

王极盛：你刚开始上高三时心情怎么样？

潘怡婧：刚开始上高三时我挺憧憬的，觉得自己学了这么多年，对未来充满了想象。但是，也有明显的压力，因为我们江苏的考生都很厉害。

王极盛：你是如何调节的？

潘怡婧：我就告诉自己，无论结果怎么样，自己努力了就行了，慢慢地心态也就好起来了。

王极盛：高三上学期觉得压力大吗？

潘怡婧：那倒没有。因为上学期还没有明显感觉到高考的临近。到了下学期，压力就大起来了，老师经常拖课，作业很多，经常要很晚才能休息。

王极盛：你高三上学期最后考试成绩怎么样？

潘怡婧：还可以。

王极盛：是全年级多少名？

潘怡婧：全年级文科第二。

王极盛：高三下学期你感到特别紧张是什么时候？

潘怡婧：是在高考前两个月左右。当时作业特别多，根本就做不完。而且觉得自己好像还没有准备好，很多东西都不会，越这么想就会越紧张。

王极盛：那你是怎么调节的？

潘怡婧：我们老师就告诉我说，其实，很多考生都是这样的，临到高考甚至是参加高考时，感觉自己很多东西都没有掌握，而事实也并不是这样的。该掌握的知识，肯定已经掌握了，而且，高考时也并不是要求大家要把全部的题目都做对，所以，不用那么紧张。后来，我就逐渐放松了心情，自己给自己减压。

王极盛：你高考前一模、二模的成绩怎么样？

潘怡婧：一模、二模的成绩都挺好的，高考前我的成绩都很好。

王极盛：高考前两天心情怎么样？

潘怡婧：高考前两天我们还在上课，大家都在进行模考，模拟高考的情景，以适应高考。所以，还是有些紧张的。还是进行自我调整，因为大家都一样，所以不必紧张。

王极盛：高考时紧张吗？

潘怡婧：高考时还是挺紧张的，但是，还是能控制住的，不至于很慌乱。

王极盛：在考试过程中有什么重大的情绪变化吗？

潘怡婧：我数学考得不是很好，因为，在考前，大家都在讨论说这次数学考试会很难，因为自己是文科生，所以，就感到很紧张。到了真正考试时发现试卷没那么难，就想一定要多拿点分数，这样才可以和别人拉开距离。于是，把很多时间用在了最后两道大题上，可还是没有做出来。当时还发现前面有一道题做错了，但也没有时间修改了。所以，考下来觉得挺郁闷的。考完之后，爸爸妈妈都安慰我，我也想，既然考卷都已经交上去了，也都尘埃落定了，担心也没有用。

王极盛：考完后，等待成绩的过程心态有什么变化吗？

潘怡婧：也没有什么变化。我想，考完了就考完了，先轻松一下吧。我也没有对答案，也没有估分。

王极盛：心态在高考中能占多大比重，起到什么样的作用？

潘怡婧：我觉得心态还是非常重要的。如果心态不好，肯定会影响成绩。如果心态好的话，可以提高效率和准确率。所以，心态调整好了，对于高考取得好成绩，帮助还是很大的。

王极盛：你这次高考是正常发挥还是超常发挥？

潘怡婧：我属于超常发挥吧。

王极盛：我刚才采访了两名高考状元，她们也都说这次高考是超常发挥。心态好了，自然就会发挥出比平时好的水平。高考很多时候就是有这样的偶然性因素。

潘怡婧：是这样的。

王极盛：假设高考是个100分的考试的话，你觉得心态能占多少分呢？

潘怡婧：我觉得占50分吧。

王极盛：占一半。我刚才采访的于静文同学就说，这不是一个占多大比重的问题，而是一个乘法的问题。如果是心态正常，就是乘1；如果是心态非常好，就是乘1.5；如果是心态不好的话，就是乘0.5。我觉得她说的也有道理。你们班有没有同学因为心态不好，发挥失常的？

潘怡婧：有吧。但是，也并不确定这样的同学会不会因为还有其他的原因造成成绩失常的。我有一个同学，他原来和我成绩差不多，但是这次考试就有些发挥失常。

王极盛：他考了多少分？

潘怡婧：390分，我是420分。

王极盛：我跟你讲个例子。我采访过大连市二十三中一名考生名叫黄晓庆，她一模没有考好，但是，心态调整过来了，结果在高考时考了638分，考取了北大经济系，是当年辽宁省的文科状元。她还有一个同学，也是因为一模没有考好，由于心态没有调整过来，结果高考成绩和黄晓庆差了80多分，而平时，他们的成绩是并列的。所以，高考时心态非常重要。

心理问题人人有，就像小感冒

关于潘怡婧同学心态的问题，我谈以下几点意见。

第一，潘怡婧同学善于主动调整心态。一般说来，高三是很紧张的一年。学生有些心态变化，有些压力和紧张，是不可避免的，关键在于要学会及时调整心态。如果是轻度的心理问题，潘怡婧同学就会和同学聊聊天，排解心中的压力。如果是比较严重的心理问题，她就到学校心理辅导室寻求老师的帮助或者参加一些心理讲座。她认为这对她调整心态帮助很大。

潘怡婧同学这些调整心态的方法是简便易行的。她能做到，我们也可以做到。问题是有不少同学对心理问题的调节认识不足，还有些同学有心理顾虑，误认为有心理问题是丢脸的事情，难以启齿向心理老师请教。

其实，心理问题人人有之，心理问题就像生理问题一样地普遍。我们都难免有感冒的时候，同样，也难免有心理问题。例如，考试考不好就心里郁闷，这都是经常发生的。最关键在于，有了心理问题要及时解决。潘怡婧同学主动解决心理问题的方法和精神是值得提倡的。

第二，不能改变现实，但能改变自己，改变自己的心态。潘怡婧同学刚上高三的时候，也有压力，因为江苏考生都很厉害。这是客观存在的，关键是自己。正如潘怡婧同学所说："无论结果怎么样，自己努力就行了。"自己努力不努力，由自己说了算，自己的心态也是可以自己控制的。

还有，在数学考试结束后，后面的两道大题没有做出来，前面的题发现错了，也没时间改，心里很郁闷。她就想既然考卷都交上去了，担心是没有用的。我们无法改变卷子的答题实际情况，但我们可以改变我们的心态。中国有一句流行的话："心病还需心药医，解铃还须系铃人。"心理情结、心理疙瘩是自己的不良心态造成的，要解决它、要解开心理疙瘩就要改变心态，用良好的心态来克服它。

在同学们的学习生活中，有不少心理问题、心理疙瘩是自己结的。一次考试没考好，就认为完了。这是自己的不良心态造成的。怎么解开呢？尚需靠自己的良好心态去克服。考不好本身是坏事，你有些苦闷，也是可以理解的，但考不好是暴露出了我们存在的问题，我们把存在的问题解决了，考不好的坏事就变成了好事了。

第三，潘怡婧同学由于出现心理问题，主动积极地去调节，使心理问题得到了很好的解决。人不能改变现实，但可以改变自己和自己的心态。一句话，调整好心态，高考不仅成功，而且能超常发挥，并成为高考江苏省状元。这就提示我们高三存在心理问题，不要太介意，关键是有好的方法去解决，主动去解决。

有心理问题的人，甚至有严重心理问题的人，只要解决了，化消极因素为积极因素，变消极心态为积极心态，吃一堑，长一智，高考照样考得好。甚至由于经验教训增长了智慧和经验，反而能超常发挥。我在这里友情地和同学们说一句，高三有心理问题不要紧，解决了就好了。千万不要背心理问题的包袱。要向潘怡婧同学学习，解决好心理问题，轻装上阵，力争超常发挥。

一模 570 分，改变心态，高考 664 分
——访评高考辽宁省文科状元徐美辰

> **状元金句**
>
> 不要和其他同学比。给自己设定一个目标，只要达到这个目标就行了。

王极盛：徐美辰同学，祝贺你考入北京大学，并成为高考辽宁省状元！我们既是校友，也是老乡。我们谈一谈高考前一系列的模拟考试，把你的心态调整过程讲一讲？

徐美辰：我高考成绩好，主要就是调整好心态的结果。在一模时我的心态很不好，因为以前从来没有进行过模拟考试，所以感到很害怕。结果一模考试成绩很差，只有 570 多分。

王极盛：你当时在学校排多少名？

徐美辰：第十一名。一模考完后，我感觉压力很大。但是，班主任老师和家长都鼓励我。班主任老师对我说："我相信你是很有实力的，这只是一次模考，算不了什么。"还有很多同学也鼓励我。后来，我的心理压力就慢慢变小了，也越来越有自信了。二模就提高了 20 多分，虽说是我们学校第五名，但我还是感觉自己不仅仅是这个成绩，应该还有潜力可挖。结果三模的时候，我就又提高了 30 多分。

王极盛：二模比一模提高了 20 多分？

徐美辰：是的，三模又比二模提高了30多分。其实，我觉得，成绩之所以会提高，就是因为心态从不自信转到了自信，从不相信自己转变到了觉得自己有更大的潜力。经过一模和二模我给自己设定了目标，而且通过三模我也达到了这个目标。我想，也就是两点吧，第一是自信，第二是目标。

王极盛：你认为心态在高考复习中起到了什么样的作用？

徐美辰：我发现周围有很多同学有这种情况，我自己也会有，就是在高考复习时不仅关心自己的学习，还容易与其他同学进行对比。不要和其他同学比。给自己设定一个目标，只要达到这个目标就行了。

王极盛：你这次高考是正常发挥还是超常发挥？

徐美辰：我绝对是超常发挥。我高考成绩比第三次模考又提高了30多分。其实，在高考前一个多月的时候，我的心态很不好，我就和特别喜欢的一位任课老师谈了一下，心态就调整好了。在高考前半个多月的时候，心态非常平稳。那时的心态比我高中任何时候的心态都要好，结果高考时发挥也很好。

王极盛：你觉得心态在高考中能占多大的比重？

徐美辰：我认为实力和心态是相辅相成的，并不能把两者分开。而且，心态的形成与平时的学习习惯和学习过程有很大关系，不能简单地说占多大的比重。

 ## 实力是硬件，心态是软件

徐美辰同学高考前一模考试时，由于从来没有进行过模拟考试，因此很害怕，结果一模成绩相对她来讲，考得很差，只有570多分。但是，高考时裸分是664分。为什么会出现这样大的差距呢？徐美辰同学对我说："主要是心态调节好的结果。"她一模没有考好，压力很大。老师、家长与同学都给她很多的鼓励，实际上帮助她调整了心态。特别是她班主任老师对她讲："我相信你是很有实力的，这只是一次模考，算不了什么。"在老师、家长、同学的帮助下，她越来越有信心了。二模比一模提高了20多分。但她还觉得自己有潜力可挖。三模又比二模提高30多分，考到了620多分。这样，她的心态由不自信转化到了自信，从不相信自己转化到了觉得自己有更大的潜力，结果高考时又比三模提高了三四十分。

徐美辰同学由于解决了一模成绩不好的心态问题，最主要是找回了信心，挖掘自己的潜力，为力所能及的目标奋斗。终于，她以优异的成绩考上北京大学，成为辽宁省文科状元。

我曾经反复给同学们宣讲信心是高考成功的灵魂，信心是高考成功的精神支柱，信心就是分数，心态就是分数。我这些话从徐美辰同学的高考经历得到了验证。据我多年的研究，一模成绩好坏对学生心态的变化影响最大。而我的研究又说明，一模成绩固然重要，一模的心态对高考的成绩更是重要。

北京有一名考生一模考了640多分，本应该受到鼓舞，增强信心，但这名考生自以为是、沾沾自喜，自以为冲进北大问题不大，放松了自己，

天天玩电脑、玩游戏不止，结果二模考了 550 分左右。这是一个对一模成绩心态不好的典型案例。而徐美辰同学一模成绩不好，但心态逐渐调整好了，她的心态调节的核心表现是由不自信转化为自信，找回了信心，强化了信心。从一模的 570 分，到高考的 664 分，几乎提高了 100 分。这就非常有力地说明心态就是分数。希望广大考生务必树立"心态就是分数"这个理念，务必树立"调节好心态是高考成功的一半"这个理念。

我的研究表明：实力是高考成功的硬件，是高考成功的基础；心态是高考成功的软件，起调节作用，既可以使考生超常发挥，也可以使考生正常发挥，还可以使考生发挥失常。徐美辰同学对我说："这次高考，我绝对是超常发挥。高考前半个月的时候，心态非常平稳。那时的心态比我高中任何时候心态都好，结果高考时发挥也很好。"徐美辰同学的心态好、发挥好、超常发挥几乎比一模高出 100 分。

信心是贯穿于高考一年，即高考全过程的。调整心态不是"一劳永逸"的，需要逐步调节。徐美辰同学也经历了从一模调整心态，找回信心，强化信心这样一个过程。

我在这里特别强调，心态的变化对成绩的提高是非常明显的。徐美辰同学从一模的 570 分，在不到两个月的时间内，使信心逐渐得到强化，信心使她的高考成绩几乎提高了 100 分。如果是从学习实力角度或者积累知识的角度来看，两个月提高 100 分几乎不可能。我曾经研究考生根据我总结提出的十个具体的学习方法和策略，每月从学习方法角度来看可提高 15 分，两个月只能提高 30 分。我在这里绝对没有忽视从学习方法角度，从提高学习实力角度来提高成绩的重要性。但是，我必须说实话、说真话，心态调节好了，信心增强了，就是分数，而且提高的速度是非常快的。

我在这里举一个我印象很深的咨询案例。有一年高考前，凌晨 3 点我家的电话铃声突然响起，我被电话声惊醒。我拿起电话的听筒，听到一位女性焦急的声音。她首先解释："王老师，我给您打电话经历了激烈的思想斗争。我拿起电话筒又放下了。我想不应该在半夜惊动您。可我想，今天儿子就要高考了，这是他人生中的大事，不能给耽误了。因此，我又鼓起勇气，拿起了电话筒，接通了您的电话。

"王老师，事情是这样的。现在已经是6月7日凌晨3点了，再过6个小时今年高考就开始了。儿子现在还没有睡觉，刚才他给我讲想放弃今年的高考。披星戴月辛苦了一年，却不考了，那怎么能行呢？王老师，我这是求求您帮我说服孩子参加今年的高考，我还有一个过分的要求，您最好能帮我把孩子送到考场，因为我太不放心儿子了。他要是在去考场的途中变卦了怎么办？"

我想在这种情况下，首先应该安定住考生母亲的情绪，我就说："大姐，你不要着急。你让孩子跟我说话。我一定帮你把这个问题解决好。"

她儿子接过电话后我就问他："怎么个情况？"他说："王老师，今年高考我还没有准备好呢。您看我桌子上还有很多黄冈的试卷、海淀的试卷、启东的试卷都没有做完呢，有的一点都没有做。那怎么行呢？王老师，您知道咱们北京市是提前报志愿的。我第一志愿报的都是北京有名的大学。那哪成啊？"

我只问他两个问题，第一个问题："老师布置的作业你完成了吗？"他回答说："都完成了。"第二个问题："老师布置的作业你会做不会做？"他说绝大部分会做。然后，我斩钉截铁地对他说："你考上第一志愿的重点大学没有问题。第一，老师布置的作业是按照高考大纲的要求布置下来的；第二，老师布置的作业绝大部分会做就意味着高考的简单题、中等题至少你绝大部分会拿到分数。而且，难题你也会拿到一部分分数。因此，我推测你高考成绩是600分以上。你的成绩除了北大清华之外北京其他重点大学都应该能考上。你还有什么胆怯的呢？题是做不完的。就是一个考生复读三年也是每天都在做题，你只要掌握了考试大纲要求的基本知识并具有运用知识解决问题的能力，你高考就一定会成功，就一定会如愿以偿。绝不能因为还有些不是老师布置的题没做完，就丧失信心。"

我话音刚落，他就说："王老师，我开窍了，我心里一下就亮堂了。我赶紧睡觉，那些课外的题不管它了。王老师，您放心，我明天一定要上考场。"结果当年高考他考上了自己的第一志愿的学校。被学校录取后，母子两人在电话中一致表示很感谢我，要来看我。

我说："你们不用感谢我，应该感谢你自己找回了信心。你本来就有实力，但是，当时你陷入了误区，因为有很多课外题没有做而失去了信心。我跟你的谈话只是给你解开了心理疙瘩，使你由失去信心到充满信心。信心是属于你自己的。所以，你应该感谢信心。看我就不必了。我希望你进入大学后，还要不断地调整心态，充满信心地度过大学生活的美好时光。"

据我的研究，在高考前的模拟考试以及在高考中由于失去信心和信心不足造成考试发挥失常的考生每年都大有人在。

我认为，徐美辰同学高考成功的关键在于找回信心、强化信心。我希望这个成功的案例能使后来的考生得到启发和借鉴，帮助自己调整心态，强化信心，从而提高考试成绩，为自己高考成功带来有益的启发，建立真正的高考成功的精神支柱。

在和徐美辰同学交谈过程中，关于心态问题还有一点也使我受到启发。她曾对我说过："我发现周围有很多同学有这种情况，我自己也会有，就是在高考复习时不仅关心自己的学习，还关心其他同学的复习情况，容易与其他同学进行对比。我觉得这样特别不好，容易给自己造成压力。因为在对比时很担心自己不如其他同学学得多、学得好。这样容易给自己造成精神压力。我觉得关键在于相信自己，相信自己就要相信自己的实力，不要和其他同学比。给自己设定一个目标，只要达到这个目标就行了。"

各位同学，各位考生，各位家长，我研究高考已经 25 年了。但我觉得作为一项研究要活到老，学到老。与徐美辰同学的谈话整理成文章之后，我前后看过四次，每次看后都觉得有新的启发、新的感受。她说的话并不多，但是含金量很高，揭开了高考成功心态规律的某些内容。刚才上面讲的一段话，就是我平时对同学们反复讲的，强化信心的五个方法中的一个方法，即不要攀比。徐美辰同学说得很清楚，攀比是同学们存在的一个较普遍的心理现象，一攀比就会造成心理压力。

我曾经在西安讲课，1000多人的大会场讲完课后上台找我咨询的学生不少。后来，有一名女同学，拽着我的衣角回避大家到后台的一个角落对我讲："王老师，我们刚刚一模考完，成绩也公布了。我们班里有四名女同学考到600分以上，我考了一个485分。我一方面心理不平，我在班里是长得最漂亮的女同学。另一方面，与人一比，我就没面子了，没信心了。"

我对这位同学说："高考是考科学文化素质的，考心态的，不考漂亮不漂亮。而且，漂亮不漂亮，打分也很难。不同人的审美观点未必相同，很难评分。"我还说："那四名女同学考到600分以上，是人家平时努力的结果。你考了485分是你平时成绩的反映。各人的学习基础、学习方法和心态各不相同，不能相互比，人比人气死人。"

我说："同学，怎么解决你当前的心态问题呢？那就是解决什么是高考成功的问题。高考成功的分数对于每个人来说，要求是不一样的。什么是高考成功？考出自己的实际水平就是高考成功。高考时那几名女同学再考出一模的成绩，是高考的成功。她们再提高50分，是超常发挥。她们再低出50分，是发挥失常。你高考时能考出550分左右即考到她们高考发挥失常的水平，你不仅是高考成功，而且，是你高考超常发挥，是绝对的成功。所以，同学，你只要树立了考出自己的平时水平就是高考成功，就是考试成功的理念，你现在没有信心的心理问题就会迎刃而解。"

我看这个女同学郁闷的表情消失了，取而代之的是微笑的表情。我跟她握握手说："祝你充满信心地迎战高考，等待你高考成功的佳音！"我刚才说这些话是接徐美辰同学不要相互攀比的话引申发挥的一些内容。因为这是高考中同学们较普遍存在的一种不良心态，它给同学们带来的是信心不足，信心受挫。

心态就是分数，这样的不良心态将给高考减分。我诚恳地希望阅读本书的学生与家长从徐美辰同学这段话中解决攀比心理的问题，防止与克服攀比心理对高考带来的消极影响。

我曾经问她最喜欢的格言是什么，徐美辰同学回答说："其实，也算不上格言，我个人比较喜欢也比较相信——天道酬勤。因为我不是那种特别聪明的人，凭着自己的努力和勤奋取得了今天的成绩，所以我很相信这句话。"在基本信息表给学弟学妹们的寄语中，她写道："苦学乐读，终成大器！"从心理品质来说，天道酬勤就是刻苦努力必有收获。勤奋是人的良好的心理品质的一种，是获得一切成功的必需的基本心理品质。从方法学来讲，也是学习成功最基本、最重要的方法要素。俗话说学海无涯苦作舟。

我研究了400多位高考状元，可以说他们都不是班里最聪明的，说明他们刻苦学习。但他们也不是班里最用功的，说明他们讲究方法、讲究效率。人们对高考状元有两种认识倾向，一种是状元是天生的神童，一般同学没办法和他们比，因为他们聪明绝顶。这不符合实际。徐美辰同学说得非常坦然："凭着自己努力和勤奋取得了今天的成绩。"

状元也不是像有些人认为的那样是读书的机器，死读书、读死书，是书呆子，甚至认为他们是高分低能。我研究了400多位省级高考状元，绝对不是这样的。

二模没考好，爸爸一句话，高考成为状元
——访评高考河北省文科状元陈璐

> **状元金句**
>
> 参加高考是我们高中三年学习的一个必然过程，无论想不想参加，愿不愿意接受都要参加的，所以，对于改变不了的事情，就接受它。这样想就很轻松了，不会有太多的心理负担和压力。

王极盛：陈璐同学，首先，祝贺你成功考入北京大学，并且成为河北省文科状元！

陈璐：谢谢王教授。

王极盛：请你先谈一谈心态问题，就是在高三阶段直到高考前，你的心态怎么样？有没有什么波动？是怎么调节的？

陈璐：我在刚上高三的时候并没有感觉到那种紧张的情绪，直到高三下学期，因为经常考试，所以，每次考试前后就会感觉有些压力。当然后来我就想开了，因为考试就是查漏补缺嘛，而且，考试也多了，慢慢习惯了，心情也就平静了。

其中有一次心理波动比较大是第二次模考后，因为当时已经临近高考了，自己的模考成绩特别差，一时心里非常紧张，担心自己的高考肯定会失利，觉得压力特别大。我爸爸打电话问我的成绩怎么样，我回答说非常

不好,我爸爸说这是好事,我当时还怀疑他是不是听错了。他说在高考前发现问题是好事,这样才能提高。如果每次都考得特别好,反而是没有收获的。我感觉爸爸没有失望,反而是理解我,鼓励我,给我信心。这让我非常受启发,非常感动!后来,我自己慢慢也想了很多之后,觉得无论如何也要先把自己还没有完全掌握的再补上去,无论结果如何,都应该先把自己的心情调节好,投入到下一阶段的复习中。其实,在那一段时间我特别感谢我的室友,她们都鼓励我,劝我不要给自己太大压力,放轻松去应对。

王极盛:你是住校?

陈璐:是的,我住在学校里。另外,我的班主任和任课老师也都和我谈话,帮我找原因和弥补的方法。所以,在这种内因和外因的共同作用下,我就度过了这次心理波动。因为经历了这次比较大的心理波动,以后的事情觉得自己都能轻松应对了。而且,参加高考是我们高中三年学习的一个必然过程,无论想不想参加,愿不愿意接受都要参加的,所以,对于改变不了的事情,就接受它。这样想就很轻松了,不会有太多的心理负担和压力。我觉得心态在高考中特别重要,有一些同学就是因为心态不好,本来自己平时成绩挺不错的,结果落榜了。

王极盛:你能不能举个具体的例子。

陈璐:例如,我的一个室友,她在模考和我们学校的考试中的成绩上二本是没有问题的,但是,就因为考试的那几天压力特别大,心里很紧张,结果分数没有达到二本的分数线,走的是一个专科学校。感觉挺惋惜的。

王极盛:是很惋惜。考试前也就是6月6日前一两天你的心情怎么样?到了考场之后的心态如何?

陈璐:我其实没有什么感觉,觉得脑子里是一片空白,脑子里只有高考这一件事情。高考的时候也很轻松,没有特别紧张。倒是我的爸爸妈妈比较紧张,他们是陪我一同去考试的,结果他们表现得比我还紧张。6月6日那天晚上,我就跟平常一样休息了。结果他们一晚上没睡着,因为担心我睡不着。

王极盛：结果你早已经进入梦乡了。

陈璐：是这样的。

王极盛：你高考当天进入考场后还没发下考卷时的心态怎么样？

陈璐：我也没有什么感觉，就是脑子里一片空白，想着发卷子就发吧，最好快一点发。后来，就闭目养神了一会儿。

王极盛：以平常心对待。

陈璐：对。

王极盛：你回忆一下自己的情况和其他同学的情况，你感觉在高考中心态是否重要，心态在高考中起着什么样的作用？

陈璐：第一，心态的重要性体现在学习中。如果学习的时候心态不好，就会影响学习的效率。有很多同学在学习中非常努力，但是经常患得患失，这样就会使学习效率下降。第二，心态的重要性体现在考试中。其实，通过这么长时间的学习，水平肯定已经有了，而且，相对来说比较稳定。如果心态不好的话，就会影响成绩的发挥。这种情况就更让人惋惜，因为明明有很好的水平，却因为心态不好而发挥不出来，得不到好成绩。

王极盛：你高考时对自己的发挥水平满意吗？

陈璐：我还是比较满意的，觉得取得这个成绩我已经很开心了。

王极盛：你觉得自己是属于正常发挥还是超常发挥？

陈璐：我觉得是正常发挥。因为我的成绩一直比较稳定，而且，我觉得我已经在高考中发挥出了自己平时的水平。

 **查漏补缺，直面高考**

陈璐同学在调整心态方面我认为有以下几点成功经验。

第一，对于改变不了的事情，就接受它。高三这一年考试不断，有时考得好，有时考得差，甚至有时考得特别不如人意。怎么对待这些问题呢？陈璐同学在这方面的成功经验就是首先要承认这个事实，这是客观存在的，不以人的意志为转移的。只有接受了它才不会有太大的心理压力。否则，整天患得患失，总是轻松不下来的。

有一位考生曾找我咨询说："王老师，我从高三开始到一模前，大考小考不断，考试的结果基本满意。虽然也有些起伏，但我的心态相对都比较稳定。真没想到，快要真刀真枪高考了，一模考试考砸了，是我高三以来成绩最差的一次。我想不通，为什么我的一模会考砸了？这是不是预示着我高考还会考砸？整天会往坏处想，心情很沉重。有时看着是在做题，实际上心里想的是自己的命怎么这么不好。这一个多月来，我就没有心思复习功课了，太郁闷了。"这是一个对待模拟考试失利不能正视现实而造成情绪长时间低落，进而影响学习成绩的事例。

陈璐同学在二模考试时成绩考得特别差，压力也特别大。但她就能首先把自己的心态调节好，投入到下一阶段的复习中去。这也是陈璐同学调整心态的一个成功经验，值得同学们借鉴。

第二，树立考试就是查漏补缺的理念。高三这一年的复习目的就是巩固与提高学业水平，提高能力，提高素质，迎战高考。在考试中不断暴露自己的问题，通过暴露问题，不断地做到查漏补缺，从而提高成绩、提高能力。在某种意义上来讲，整个高三这一年，无论是一轮复习、二轮复习还是三轮复习，都是通过查漏补缺发现自己的问题、克服自己的问题，从而提高成绩和能力。

如果一个考生高三这一年每次考试都考得非常好，没有发现问题，实际上这位同学就没有获得提高，也不意味着这位同学什么都会，只是考试中的题目，这位同学不会的没有出而已。

因此，我认为，陈璐同学调整心态的一个重要经验就是认为考试就是查漏补缺。因此，考得不满意，心里有压力，心情也会逐渐平静下来。

第三，陈璐同学6月6日与6月7日都能以平常心对待高考，特别是6月6日晚上，她跟平常一样休息。高考的时候也很轻松，这就是以平常心对待高考。正因为如此，高考前和高考中就不会有什么私心杂念。

在现实生活中，有些同学越是高考前一天，私心杂念越多。一会儿想还有很多试卷还没做，肯定会考不好；一会儿想什么什么试卷做了还有很多不会的地方，信心就没了；一会儿想进了考场自己晕倒了怎么办？这实际上都是不能理智地以平常心对待高考造成高考前、高考中心态不稳定，都是影响发挥的杂念。

模拟考试地理不及格，调整好心态，高考成状元
——访评高考江西省文科状元王沛嘉

> **状元金句**
>
> 如果给自己太大的压力的话，希望自己在很短的时间内就提高成绩，这样反而是给自己造成了压力，反而会适得其反。

王极盛：王沛嘉同学，首先，祝贺你考入北京大学，并成为江西省文科状元！我们首先谈一谈心理问题，因为在高三阶段，可以说每一个同学都会或多或少地有一些心理问题，你有哪些问题？或者有没有经历过什么心理波动，是怎么调整过来的？

王沛嘉：因为我一直是年级的第二或者第三名，成绩比较稳定。所以，一直压力不是太大，老师也觉得我有点"无所事事"，但是，其实，我自己心里是知道怎么回事的，特别是到了高三以后，也觉得有一些压力了，但是心情一直比较平稳。可后来有一件事情，有一次考试我得了第二名，但是，仍然感觉心理压力挺大的，因为其他的原因。我有一次地理没考及格，只考了56分。

王极盛：那是什么时候？高三上学期吗？

王沛嘉：高三下学期，是我们市里第一次模考。我当时心里就有些慌了。

王极盛：那你是怎么调整的？

王沛嘉：我当时在考完文综之后就感觉不行了。所以，当天下午就跑到书店买了一本厚厚的参考书。

王极盛：是地理参考书吗？

王沛嘉：是文综的。当时我就想，自己考得不好，所以，要好好补一补，再追上去。我认为我的心态还算好的，基本上不是非常紧张，也没有那么大的压力。但是，我也知道高三要面对高考这件事，需要我做出很多努力。

王极盛：后来，又发生了其他影响你的心理状态的事情了吗？

王沛嘉：基本上没有吧。后来我就参加了北大的自主招生考试了，但是，只是抱着试试看的态度，因为来参加考试的都是各个学校的高手。结果我通过了考试，这样就可以加20分，我想应该没有什么问题了。所以压力就更小了，觉得只要按部就班地复习，应该没有什么问题。

但是，其中有一段时间也有一些担心，因为，我们去年有一位学姐当时也通过了北大的自主考试，最后加了20分，还是没有考上北大。那段时间我就在担心，这种事情如果发生了就太可惜，太可惜了。直到高考前，有几天，的确挺紧张的，但是到了真正高考的时候就平静下来了，因为一考试也顾不得紧张了。

王极盛：你们考试之前进行了多少次模拟考试？

王沛嘉：我们市里有两次模考，但是学校里是每半个月就会有一次。

王极盛：你高考前几天心态怎么样？

王沛嘉：我5月底6月初那段时间感觉很紧张，压力很大。到了6月6日前几天，也几乎不怎么能看进去书，我完全是依靠以前的知识积累。后来，我就想，别逼迫自己了，放松一下，也许对心态的调节更有好处。直到高考前一天晚上，我还在看电视，我父母就说我，但是，我觉得放松一下没什么，只要不影响休息，不影响第二天的考试就行。

王极盛：你高考当天卷子发下来时心态怎么样？

王沛嘉：当时感觉很紧张。本来我不是很紧张，但是，在考试开始前我们班主任在教室里走了两圈儿，而且，还看着我，就让我感觉紧张起来了。但是，卷子一发下来，就开始专心做题了，根本想不起紧张的事了。

王极盛：根据你自己的经验或者是你的同学们的反映，你觉得在高考中，心态重要不重要？

王沛嘉：当然是很重要的。

王极盛：你认为，在高考这场考试中心态能占多少分？

王沛嘉：我想应该占70分吧。

王极盛：你这算是高的。我采访了光华的几名女同学，她们一般都说占50分。不过也采访过山西一名高考状元，他就说占70分。

王沛嘉：我觉得心态是很重要的。比如我的一些同学，他们平时学习和复习都很努力，包括我们现在的一些学弟、学妹。他们都对自己要求很严格，有着远大的目标，想考上很好的大学，我觉得这很好，但是，如果给自己太大的压力的话，希望自己在很短的时间内就提高成绩，这样反而是给自己造成了压力，反而会适得其反。所以，我觉得心态对于高考的成功起着关键的作用。

我觉得心态对于平时的学习也起到很大的作用。我平时就不会在学习时把自己逼得太紧。比如下课了我就会和同学一起到操场上散散步，放松一下。放学回到家，我就很少再看书。我觉得越是逼自己给自己太大压力，学习效果越不好。

王极盛：而且，真正高考时临场发挥好就是要靠好的心态。

王沛嘉：是这样的。我觉得平时的学习和复习，要通过好的发挥才能得到好的成绩。有的时候，反而是平时学得比较好，但是考试时非常紧张，结果就考砸了。所以，我认为，心态和考试成绩之间有着很密切的关系，所以，我觉得心态占70分，是没有言过其实的。

王极盛：你们班里有因为心态不好而成绩考得不好的学生吗？

王沛嘉：有这样的同学。因为我们班是零班，只有11个人，大家的成绩都不错。我们班有一位同学地理学得特别好,他什么都知道,除了一些岛国,其他的国家在哪里,首都是哪里,他都了如指掌。他说的很多地理方面的东西,我们都不知道,大家都觉得他很厉害。以他的实力考中央财大或者是人大,都应该没什么问题。但是,他最后考得并不理想。

王极盛:你觉得他的考试成绩与平时的水平能差多少分?

王沛嘉:40多分吧。

王极盛:所以,心态还是很重要的,直接决定了考试发挥的好坏。

王沛嘉:是这样的。

历"波"而不"折"

关于王沛嘉同学的心态问题,我想谈以下几点意见。

第一,经得起较大的挫折的压力。王沛嘉同学一直都是年级第二或第三名,成绩稳定,因此压力不大,心态也比较平和。但是,高三下学期市里第一次模考地理考了56分,不及格,这是一个突然的打击,当时心里有些慌了,这是可以理解的。

她当天下午就到书店买了一本厚厚的书,要好好地补一补再追上去,她要以自己的努力付出再走出挫折的压力。我觉得这是那些成绩比较好,心态也比较平稳的同学在遇到大的挫折,例如一次考试成绩考得很差的时候值得借鉴的心态调节方法。

我也遇到一些同学向我咨询,所提的问题就是平时考试都很好,这次考试的某门课考砸了,较长时间走不出考砸了的心理阴影,把注意力全放在考试成绩本身上来了。而王沛嘉同学遇到这种情况是找出原因,努力奋斗,而不是沉溺在地理成绩不及格的分数上。

第二,临考前,班主任老师在教室里走了几圈,而且还看着她,让她感觉开始紧张了。在这里,我说下面的话不是怪罪班主任老师,班主任老师的心情是可以理解的,但是,做法上欠妥当。

开考前,监考老师、班主任老师的一言一行、一举一动都会给考生心态带来一些变化。因此,临考前老师要根据当地的情况,给孩子一些心理放松的举动。

我曾经在高考时在中国人民大学附属中学考场门口观察学校老师的举动。人大附中大门口靠南面方向站了一排人大附中的老师，靠北面站了一排北京市八一中学的老师。这个大门是考生必经的第一道通道，考生进入后，人大附中的老师就向学生招手，向学生做出必胜的手势。有的男老师还跟男同学拥抱一下，有的女老师和女同学拥抱一下，气氛非常好。这种做法给孩子一种温暖、鼓舞的心理力量。八一中学的老师对他们学校的考生也是这样的做法。

第三，把全部心思集中在答卷上。这是调整心态非常好的方法。王沛嘉同学尽管开考前老师看着她，她感觉紧张了，但是，卷子发下来后，就开始专心做题了。这就是把注意力集中在做题的过程中，自然就想不到紧张了。其实，调整心态方法很多，要根据当时的情况，采取适当的调节心态的方法。但有些考生却做不到，卷子发下来，不是全力以赴、全神贯注到做题本身上来，而是胡思乱想，想考试的结果。

第四，王沛嘉同学高度重视心态的重要性，而且身体力行。她认为心态在高考成绩中占70%左右。既然这样重要，她就很会调整心态。

例如，下课和同学一起在操场上散散步，放松放松。看来这是很容易做到的事情，也很容易取得调节心态的效果，但是实际上据我的调查研究，高三同学真正做到这一点的人数也不是太多。有些同学是抓紧时间，但是抓的不在点儿上。下课时，10分钟的休息时间，她也是趴在桌子上做题。甚至是一个上午、一个下午或者一个晚上都不走出教室，身心疲惫，思维灵活性降低，记忆效果降低，学习效率不高，得不偿失。由于疲劳，还造成自己心态不好。

输掉保送，赢回状元
——访评高考江西省理科状元龚书恒

> **状元金句**
>
> 如果我考得不是很理想，我也不会感觉很特别，也不会很影响情绪。

王极盛：龚书恒同学，首先祝贺你顺利考入北京大学，并成为高考江西省理科状元！接下来，我们谈一下高考心态问题。自高三开始到高考，你的心态一直怎么样？有什么重要的心理波动吗？是怎么调整的？

龚书恒：重要的心理波动？

王极盛：具体而言，就是说你有没有感到特别郁闷的时候，比如，考试考得不理想。

龚书恒：如果我考得不是很理想，我也不会感觉很特别，也不会很影响情绪。我会想，下一次认真一点就可以了。平时的考试不会对我的心态造成什么影响。但是，竞赛或者是自主招生对我的心态影响会明显一些。

我学了两年物理竞赛，如果能够拿到一等奖，就可以不参加高考了，直接被保送到大学。但是，我参加的那次竞赛的题目很不适合我。我们平时就会做一些模型题目来训练思路，但是，竞赛那天的题目很简单，计算量特别大，而且不能使用计算器，结果，我只拿到了二等奖。

王极盛：这是高二下学期还是高三上学期？

龚书恒：高三上学期。当时我因为参加竞赛还落下了一些课，因为我要花一定的时间去搞竞赛，结果其他科目的成绩就没有以前那么好了。我们高二的时候做过一次成绩排名，搞完物理竞赛之后，我就是十来名，最差的一次是第十八名。那时候心理压力有点大，心态也不是很好。

后来，我又参加北大的自主招生考试，文化课过了之后，就来北京参加面试。面试就是一个一个老师问问题，我当时感觉有一点不自在，因为要和老师面对面地对答，还有点担心自己发挥不好。结果下来感觉还不错，最后也通过了。我想，这就与我调整心态有关。我物理竞赛失利之后，爸爸就对我说这一次竞赛的结果说明不了什么，而且，学到的东西肯定不会白学，早晚会用上的。后来，参加完自主招生考试我就想，以后再有什么月考、模考的考试我都不会怕了，因为，我连自主考试的面试都通过了。

现在再面对一张卷子答题肯定不会像面对几个老师答题那么紧张。所以，后来，我的心态一直很平和。直到高考，我就像平时一样去参加考试了。可能也会感觉比平时的月考要紧张一些，但是，情绪基本是稳定的。

高考的时候，我们第二场是考数学，这次数学题特别难。我平时在数学考试中离考试结束10分钟就可以把全部的题目做完，只会错一点点题，基本上成绩是135分以上，甚至是140分以上。但是，这次高考的数学题，我到高考结束时还有好多题都没有做完。考试结束后我也没有感觉心态特别不好，或者是特别沮丧。因为，既然考题很难，不仅是我自己会感到很难，其他同学也会感到很难的。

王极盛：你北大的自主招生考试通过了，是吧？

龚书恒：是的。这样录取成绩就可以降20分。

王极盛：这个优惠条件也用不上了。

龚书恒：是的。

王极盛：高考结束后心态怎么样？

龚书恒：也挺好的。我考完了就放下了，别人让我对答案，我就对。但是，其他的我都不太管，也不太知道。

王极盛：根据你自己参加竞赛和高考的经验，你觉得心态在高考中重要吗？

龚书恒：我觉得很重要。比如我自己就是因为在竞赛时心态不好，才没有取得理想的成绩。而后来，心态经过了一些调整，在真正高考时就没有再紧张，发挥也很不错。我们有一些同学考完数学后都想要放弃高考了。因为，我们这次数学考试真是非常非常难。

王极盛：真有这样的同学吗？真的放弃了？

龚书恒：有这样的同学，他们当时想放弃高考，直接去复读。后来，是因为学校打电话给他们家长，他们才又继续考试的。而我相对来讲，心态就比较好。就像我刚才说的，我觉得既然是难题，那么大家可能都感觉挺难的，所以，我的成绩应该还是会不错的。所以，我就很轻松地进入了下面的几门考试。

王极盛：你们周围的同学有没有因为心态不好，而最后高考没考好的？

龚书恒：我觉得我周围的同学的心态都还可以。虽然有些紧张，但也不至于太过影响成绩。我听说有一位同学，因为高考前紧张而睡不着觉，结果需要吃中药，但是，也没有太大效果，还是晚上睡不着，而且，高考时照样很紧张。他平时的成绩比我还要好。

王极盛：他的成绩比你还好？

龚书恒：是的。我是年级排名第三，他是第一。我是因为物理竞赛所以成绩有些落下了，当时心态不好，后来，通过自主考试，我的心态和成绩又好了。我们在高考前会有模拟考试，我的一模成绩是第十八名，二模是我们班里第一，三模是年级第二，和另外一位同学并列第二，到最后高考时就是第一了。

王极盛：和你并列第二的同学最后高考成绩怎么样？

龚书恒：她前一两年成绩就很好，和另外一位男同学在前两年都是第一、第二的样子。这次高考来说，他们的成绩都不是很理想。也许是因为这次数学太难了，或者是题型不适合她，她这次是差2分上北大，结果上了复旦，当然是复旦最好的专业。

王极盛：如果她发挥正常的话，也有可能当上状元？

龚书恒：如果没有那些客观因素的发生，她肯定是状元，她学习特别好，实力很强。

 ## 不以考题为转移的心态

关于龚书恒同学的心态调整，有几条我觉得值得推荐。

第一，经过磨炼，调整好心态，对于以后的考试有很大的作用。龚书恒同学对平时的考试成绩不大在乎，觉得考得不太好，下次注意就行了。他所重视的是竞赛考试，因为竞赛考试考得好坏，关乎着能否获得保送资格。他的竞赛考试没考好，心里产生了一些压力。后来，他参加自主考试，由于他心态调整得好，面试获得了通过，自主考试成功了，大大增强了他的信心。他想，自主考试面试都能通过，高考只是面对一张卷子考试，就不紧张了，心态一直很平和。直到高考时，他就像平时一样去参加考试了。

第二，高考数学题很难时，也能以平常心对待。正像他所说，题难对大家都难。尽管数学考试结束时，还有好多题没有做完，他也没有感觉心态不好。如果他不是以平常心对待高考，他平时数学成绩很好，遇到这种情况，肯定心理很受打击，那就非常影响考试成绩了。由于他心态平和，尽管数学题很难，他还是考了133分。

那些平时成绩很好，高考时遇到不少难题，马上就认为和自己预计该科目的高考分数相差很大，结果心情紧张，不能正常发挥，考得很差的同学，这些同学吃亏就吃在高考是选拔式的，不是用你现在的高考分数和你过去模考的分数比较，而是看你的高考的得分和其他考生高考得分的比较。

有些考生平时还可能认识到这一点，而在高考考场上由于紧张，就跟自己过去的考试成绩比，顿时失去了信心，考得不好。这些同学高考吃亏不是亏在题难上，而是亏在自己的心态上。

像龚书恒同学平时数学成绩135分以上，甚至140分以上。看到这些数学题感觉难度很大，但也没有难住他。尽管没有达到平时的数学考试成绩，但他心态平和，尽力而为。最后，还是拿到了133分的高分。

在高考考场上，遇到难题，遇到挫折，不放弃，这也是龚书恒同学心态好的重要表现。正如龚书恒同学所说，高考江西省理科考生的数学题是非常非常难，有些同学当时就想放弃高考，直接去复读。后来，学校做了考生家长的工作，他们才继续参加考试。

第三，学习实力强特别重要，高考时心态好更重要。龚书恒同学平时实力不错，他们年级有位同学平时实力比他强，在前两年都是年级第一、第二。但高考时由于龚书恒同学知难而进，良好的心态使他在高考数学难题面前不畏缩，到高考时成为省级高考状元。而那位平时成绩比他好的同学，没考上北大。当然，她毕竟是有实力的，也考上了很有名气的大学。

复读一年，心态一直很平和
——访评高考广西壮族自治区文科状元陈君

> **状元金句**
>
> 我们彼此鼓励，这种心态和学习的效果都非常好。因为，这样就会感到自己不是那么孤单，不是一个人在努力，而是一个群体在一起努力。

王极盛：陈君同学，祝贺你考入北京大学，并成为广西文科状元！

陈君：谢谢！

王极盛：从高三到高考时你的心态怎么样？是否经历过波动，你是怎么调整的？

陈君：我的情况比较特殊，我是复读了一年。

王极盛：复读生。你复读之后的心态怎么样？

陈君：其实，我从初中到高中，心态都是挺好的。无论是在初中还是高中，我都是比较有自信的。

我刚进入高三时，状态和感觉都非常好，也对未来充满了期待。但是，去年考试，数学题很难。我报考了武汉大学的经济学，因为我的分数不够，又不服从调配，就落榜了。

当时我和几个好朋友约定要到北京上大学，结果还是落榜了。我觉得当时是很难接受的。我的班主任给我打电话，对我说了一句话，让我非常感动。他说："还是老天爷不想让你们走啊，让你们留着明年一起去北京呢。"

我后来就想复读吧，再给自己一个实现梦想的机会。于是，我们几个好朋友就一起选择了复读的道路。在复读的一年里，我的心情非常地平静，也没有经历过什么大喜大悲，一直都是很平和的。其实，在那一年的各种考试中，我的成绩也是有起有伏，有好有坏的。但是，无论考得怎么样，我都觉得是正常的。因为，考试不可能永远是第一名，所以我的心态一直都很平和。心态真的挺重要的，如果没有一个好的心态，是无法有条不紊地学习下去的。

王极盛：你是在你们学校复读的吗？

陈君：是的。

王极盛：你复读这一年的成绩怎么样？一般情况下在大考中能考到第几名？

陈君：我一般情况下是第一名，在最差的时候，也考过年级第五名。

王极盛：你在6月6日的心态怎么样？

陈君：很平静。我那时还做了一些模拟题，为了培养一下做题的感觉，以便更好地适应第二天的高考。

王极盛：根据我研究高考十几年的经验，心态调整好，今年高考一定比去年考得好。

陈君：是这样的。我的好几个同学都比去年考得好，我们真的一起来北京了。

我们在复读的时候就是，一起复习，一起做题，甚至吃饭都是一起的。我们彼此鼓励，这种心态和学习的效果都非常好。因为，这样就会感到自己不是那么孤单，不是一个人在努力，而是一个群体在一起努力。

王极盛：复读生想要考得好，最重要就是心态。

陈君：是这样的。复读的时候压力比较大，但是，我觉得就算有压力，心态依然是可以调整好的。还可以把压力转换成动力。

王极盛：你参加了两次高考，接触了很多同学，你认为高考中心态的作用重要不重要？

陈君：很重要。我觉得有些时候甚至比水平更重要。

王极盛：你觉得心态在高考中能占多少分？

陈君：最少占40分。

王极盛：你的同学有没有，实力并不是很强，但是心态好，高考考得很好？

陈君：有这样的情况。

王极盛：你举个例子吧。

陈君：我同宿舍的同学，她的数学平时并不是非常好，高考她数学考了139分。我们数学老师就说她这次发挥得特别好。她平时人非常开心，和大家的关系都非常好，我觉得她这种好性格和好心态也对她的高考有所帮助，她也是复读的。

 **复读心态，只不过从头再来**

陈君同学的心态一贯好，从初中到高中心态都非常好。高考没考上理想的大学，落榜了，最后复读，心态也非常好。在复读这一年，心态也非常平静，没有什么大起大落，大悲大喜。

人的心态特点各种各样，陈君同学就是一贯心态好的类型。

我在这里特别想谈谈陈君同学复读这一年中的心态问题。我对1000多名复读生进行过研究，至少对500人做过心理健康测试等多项的心理实证研究。研究结果表明，复读生即高四学生的心理问题所占的比重比高三的学生高，也比大一学生的心理问题多。这是非常自然的。复读本身就会增加心理压力，大家都是可以理解的。

我对复读生心态研究的结论是只要心态调节好，明年一定比今年考得好。因为，第一，多学了一年，学的知识增多了，知识上更加巩固了，高考成功的实力增强了。第二，经过高考自己有经验了，有教训了，应试的经验多了，对再次高考非常有利。第三，经过复读的磨炼，心理上成熟了，承受能力增强了。

这三条综合起来可以肯定地说，明年比今年考得好。但是，最关键、最基本的是心态调节好。我也研究了一些复读生成为省级高考状元的案例，从他们的经验当中提炼出一条最根本的原因就是他们心态好。不管他们复读开始心态好也罢，心态坏也罢，心态好的，会调节得更好，例如就像陈君同学这样。心态不好的，也会积极地调整，最后还是调到心态比较满意的地步。

我也遇到一些复读生，不是复读一年而是复读两年。他们给我讲："老太太吃年糕，一年不如一年。"我仔细探究起来，为什么这样呢？最根本的原因就是心态不好。心态一直没有调整过来，一直处于消极的、低落的、悲观的、郁闷的、焦虑的状态中。而且，还恶性循环，心态越来越不好。

我从落榜生、复读生成为省级高考状元的成功经验和屡复读屡失败的反面教训中得出一个结论，复读生能否成功关键在于能否把心态调节好。

陈君同学的事例不仅对复读生调整心态有很大的启示作用，而且对于一般高三考生的心态调整也是很有帮助的。诚如她所说的："在复读一年的各种考试中，我的成绩也是有起伏，有好有坏的。但是，无论考得怎样，我都觉得是正常的。因为，考试不可能永远是第一名，所以我的心态一直都很平和。"

实话实说，在复读这一年中，心态一直都很平和的复读生太少了，就是高三的考生在高三这一年中心态都一直很平和的也为数不多。正是因为陈君同学心理素质好，心态一直平和，因此，经过一年复读，不仅考上了北京大学，而且还成为高考广西文科状元。也正因为这样，陈君同学深有体会地说："心态真的挺重要的。"陈君同学说心态在高考中至少占40分。

陈君同学还给我举了例子，一位和她一样复读的同学，平时数学成绩并不是非常好，而这次高考她数学考了139分，她的数学老师说这位同学高考发挥得特别好。她为什么发挥得特别好呢？就是心态好。用陈君同学的话来说："平时非常开心，和大家的关系都很好，见谁都是嘻嘻哈哈的。"

陈君同学还给我们举了另外一个心态不好的例子。一位同学性格不够开朗，对考试成绩特别计较，一次考不好，心绪就特别坏。结果，他的高考成绩比平时差了很多，他自己都不能接受。陈君同学以自己的心态的情况，以及她的同学当中，心态好，甚至超常发挥，心态不好，甚至发挥失常的例子给我们说明了，心态好，是高考，特别是复读生高考最关键、最重要的要素。

实力与心态各占一半
——访评高考广西壮族自治区文科状元黄嫣

> ● 状元金句 ●
>
> 我觉得其实不论是平时学习还是高考都不要给自己太大的压力。而且,在很多时候,我也不觉得高考一定能决定人的一生。放下心理负担,踏踏实实地努力就行了。跟着老师,把知识一遍一遍不厌其烦地学好就好了。

王极盛:黄嫣,首先祝贺你考入北京大学,并成为广西文科状元。祝你在北大四年的学习当中,再接再厉,发奋图强,再创辉煌!

我们首先谈一下你在准备高考和高考期间的心理状态问题。在此期间,你是否经历了心态的变化?

黄嫣:谈这个问题,我想把时间回溯得长一点。我在高一和高二期间都是文科的第一名。后来,在高二下学期有一个同学考过了我,我当时的心态就很不好。我一直想找出原因来,看自己到底哪里有问题。结果最后发现也并不是因为自己粗心或者是其他的问题。老师也说其实每个人的成绩都是有起伏的。后来,心态就好了,到了高三下学期就又回到了第一名,一直保持到高考。

王极盛:那你当时的心态是怎么调整过来的?

黄嫣:当时也跟老师沟通过,而且,每次考试我都会认真总结,看有什么问题，有什么需要调整和提高的地方。当然，也会有紧张、害怕、焦虑，也哭过很多回。后来就想我尽力就行了，走一步算一步吧。

王极盛：后来你发现你与这位同学之间的差距在哪里？

黄嫣：我发现我没有她细心，她基本上不会有粗心的错误，特别是数学。数学的话如果有一点是错的，就会造成很大的错误，所以，细心的话会对得高分有很大的帮助。同时，我还发现那位同学比我用在学习上的时间多。我这个人比起她来相对来讲比较爱玩，性格比较外向，比较"飘"一点。我当时就觉得是不是自己学习时间不够了，所以，后来就增加了一些学习时间。

王极盛：这位同学也是一位女生吗？

黄嫣：是的。

王极盛：她最后高考成绩怎么样？

黄嫣：她是610多分，和我差10多分。她也是今年考上北大，是国际关系学院的。

王极盛：她是不是高考发挥得不太好？

黄嫣：不太清楚。其实，我也不知道后来我的成绩怎么就上去了。我想，高考有时候也是运气。

王极盛：你高考前的一模、二模成绩怎么样？

黄嫣：都不错，都是第一名。

王极盛：你高考那两天也就是6月6日、6月7日那两天心情怎么样？

黄嫣：挺紧张的。虽然没有人说一定要让我考上状元，可我还是能感觉到明里、暗里的一些意思。特别是，有老师给我发短信鼓励我，也许是因为我一直成绩都比较好。可是，真的感觉压力有点大，很紧张，那两天中午都是一分钟也没合上眼，心里完全无法平静下来。

王极盛：在考试的时候，你感觉怎么样？

黄嫣：考试的时候还可以，但是，刚进考场和出考场的时候有些紧张，中午都比较紧张，晚上还可以。

王极盛：你是如何克服的？

黄嫣：我当时就想，如果中午睡不着觉就晚上睡吧，顶多就是考试的时候发挥不是太好，但也不至于睡着。同时，也会给自己一些心理暗示。

王极盛：这次高考你是正常发挥还是超常发挥？

黄嫣：我这次的高考分数卷面分是629分，在模拟考试中我最高考过680分，平时的成绩大概是640分、650分。我认为，这是我的正常成绩。这次高考我感觉自己考得不好，以往的状元都是640分、650分，但分数出来后没想到还是状元。

王极盛：是题比较难吗？

黄嫣：是这样的。我觉得这次的题出得比较怪，特别是文综。

王极盛：得知自己考取了状元高兴吗？

黄嫣：挺高兴的。我最强烈的感受就是我为母校增了光。其实，状元对我来说不是特别地重要，我就是想使文科状元重新回到二中。当然，对我自己来说，我能够进北大了，进光华了，也很高兴。但是，这两个月以来，有很多媒体访问，还会做讲座，也感觉挺累的。

王极盛：来到北大觉得适应吗？

黄嫣：刚开始的时候挺想南宁的，想父母、同学、朋友。北京和南宁还是差别挺大的两个城市。但是，后来就想无论怎样都要度过四年啊，所以，后来就比较适应了。

王极盛：你的父母来送你了吗？

黄嫣：来了，他们在北京住了一个星期。

王极盛：你能不能再总结一下心态在高考中占了多大的比重？

黄嫣：我觉得一半一半吧。高考的临场发挥很重要，有时候考试很靠运气。

王极盛：无论是高考也好，平时学习也好，心态的重要性都表现在哪些方面？

黄嫣：我曾经跟我的学弟学妹们说过一句话，那就是：你可以不把学习当成一种乐趣,但是,你一定不要把学习当成一种负担。

王极盛:这是名言啊。

黄嫣:这是我自己想的。我觉得其实不论是平时学习还是高考都不要给自己太大的压力。而且,在很多时候,我也不觉得高考一定能决定人的一生。放下心理负担,踏踏实实地努力就行了。跟着老师,把知识一遍一遍不厌其烦地学好就好了。

可以不把学习当乐趣，但不能把学习当负担

对黄嫣同学的访谈给我最大的感受就是她对学弟学妹们说过的一句话：可以不把学习当乐趣，但不能把学习当负担。这句话是关于学习态度的问题，也是对待学习的心态问题。当然，能把学习当成一种乐趣是上限，真正做到并不容易。在现在学校的教育情况下，把学习当成一种乐趣的学生是太少了。但是，把学习当成一种负担的人是太多了，因此，造成了很多学生学习压力大。

我曾经对四万名中学生进行了心理健康测试，共有十个心理健康问题。研究结果表明，学生压力大占36.7%，是所有心理健康问题中占比例最多的一项，而且，也是严重程度最高的一项。出现这种情况原因各种各样，但是把学习看成一种负担、一种累赘是其中最重要的原因之一。这说明学习的心态与学生的学习压力有多么直接的关系。

学习压力又和学习成绩有密切的关系。因此，我认为，黄嫣同学这句名言很值得我们同学和家长思考。她从另外一个角度告诉我们要想学得好，考得好，不要仅仅把目光盯在学习本身方面，还要以宽阔的视野从心态的角度考虑怎样对待学习。黄嫣同学用自己的实践来证明学习心态的重要性。她无论是平时学习还是高考都不给自己太大的压力，并且很多时候不想，也不觉得高考一定能决定人的一生，而是以平常心对待，放下心理负担，认为踏踏实实努力就行了，跟着老师把知识学好就好了。

黄嫣同学在受到重大挫折时能挺得住，会通过宣泄的办法来调节情绪。黄嫣同学有一次语文考试考了班里倒数第二，只有93分（满分150分），这是她从未得过的最低分数。这对一个考生来讲应该看成一个生活事件，会受到很大的精神压力。她并未因此一蹶不振，而是运用了宣泄法的一种形式——哭泣法，来缓冲自己的压力，逐渐心态就好起来了。

　　哭泣法并不表示人的心理脆弱，中国不是有句俗话嘛，叫作"男儿有泪不轻弹"，但是，该弹还要弹。我是很不赞成有的女孩遇到一点困难、一点麻烦就哭哭啼啼，这是性格不坚强的表现，但是，受到重大的压力时，哭泣法对缓解人的压力是非常有好处的。

　　在这里，我特别想给同学说一下，高三一年不是一帆风顺的，几乎不可能每次考试都考得特别好，这次出题你不会的相对较多，相对比前一次多，你的考分就会不好。把不会的地方通过考试发现后解决了，你的分数就会提高。

　　状元并不神秘，状元可遇不可求，状元并不是每次都考得非常好，每门课都考得非常好。考试成绩有些波动，是正常现象。且不说以前的高考状元，就是当年的高考状元，江西状元李江雁曾经一次考试是班里倒数第一名，广西状元黄嫣一次语文考了班里倒数第二名，江西另一位与李江雁平分的状元王沛嘉高三下学期在市里第一次模考时地理不及格，只考了56分。

　　我说这些是什么意思呢？就是高三这一年成绩波动是正常的，甚至可能发生较大的波动。关键是要挺得住，把心态调整好，逐渐就会从压力中、挫折中走出来。这几位高考状元曾经也考试分数低，受到了挫折，而最终成为省级高考状元就是调整心态成功，调整心态取得胜利的典型范例。

临到高考时，心态平和淡定
——访评高考云南省文科状元赵楚然

> **● 状元金句 ●**
>
> 首先，我觉得一次考试的失误不算什么，最主要的是能在考试中发现问题，解决问题，清楚自己的实力，不要盲目地悲观，要给自己加油鼓劲，这样我的心态就慢慢好起来了，也不会再紧张、有压力了。

王极盛：赵楚然同学，首先，祝贺你考入北京大学，并成为云南省高考状元！

赵楚然：谢谢王教授。

王极盛：首先我们谈第一个问题，关于高考的心态。每个同学在准备高考期间都会有或多或少的心理波动，你在准备高考期间的心态怎么样？经历了什么样的变化？

赵楚然：我在刚上高三的时候，因为感到一年后就要参加高考了，心里也有一些紧张的。但是，随着复习，心情也慢慢平静了下来。因为按照学习计划，我的复习还是比较顺利的，各项目标也都达到了，所以，紧张的情绪也没有了。临到高考时，心情还是比较平和、淡定的。

王极盛：你刚刚进入高三的时候有没有感到茫然？

赵楚然：那倒没有。因为我一直是目标明确的。上北大一直是我的心愿，而且，我也知道自己有这个能力，所以，就是一步一步踏实努力地达成自己的心愿，没有感到任何茫然或者是没有目标。

王极盛：在高三的一年，你有没有感到心态的明显波动？

赵楚然：有一次在月考的时候，成绩很不好。当时，我就感觉压力很大，心情也很沮丧。但是，后来我就想明白了，把掌握不好的补上去就行了。慢慢地，心态就好了，一直到后来，都比较平稳。

王极盛：你的心态是怎么调整过来的？

赵楚然：首先，我觉得一次考试的失误不算什么，最主要的是能在考试中发现问题，解决问题，清楚自己的实力，不要盲目地悲观，要给自己加油鼓劲，这样我的心态就慢慢好起来了，也不会再紧张、有压力了。

王极盛：你对自己能考上北大很有信心，你的依据是什么？

赵楚然：我对自己的实力还是比较清楚的，而且，我高一、高二、高三的成绩都不错，也比较平稳。所以，我觉得自己是有考上北大的能力的。

王极盛：你平时考试在年级的排名是怎样的？

赵楚然：我自从文理分科之后，基本上都是全年级第二三名，最好的时候是全年级第一名，最差的时候是全年级第八名。

王极盛：高三这一年的考试成绩怎么样？

赵楚然：每一次的模考成绩都不一样，我一直保持在全年级前三名。

王极盛：你高考前一两天心情怎么样？

赵楚然：高考前一两天的心情已经非常平静了，我当时想只要顺利发挥出自己的水平就行了。

王极盛：你高考前一天晚上休息时间像往常一样，还是稍微提前了？

赵楚然：提前了一个小时，因为考虑到明天要高考，所以，就提前休息了一个小时。

王极盛：到了考场后心情怎么样？就是在开始发卷子之前，你的心态如何？

赵楚然：应该说还是很平静的，而且，充满了自信和希望。我已经准备好了，很想考试快一点开始，这样就可以通过考试来证明自己，实现自己的理想了。

王极盛：很多同学到了考场之后都很紧张，你反而很轻松，这证明你的心态很好。根据你和同学们的感觉和考试经验，你觉得心态在高考中的作用是不是很重要？

赵楚然：当然很重要。我觉得考试一方面要看实力，就是自己平时努力学习和复习的结果；另一方面，很重要的就是心态。如果心态不好的话，就会影响发挥；如果心态很好的话，就可以很顺利地把自己的实力发挥出来。所以，我觉得心态在考试中，特别是在高考中还是很重要的。

王极盛：如果假设高考是100分，你觉得心态能占多少分？

赵楚然：我觉得可以占到30分吧。

王极盛：你正好和王沛嘉同学相反，她说可以占70分。不过，大多数同学都认为占50分左右。你们班有没有同学平时成绩不错，因为心态不好影响考试发挥，最后考得不好的？

赵楚然：有。我们班的一个同学平时成绩是在全年级前十名左右，但是，因为几次模考成绩浮动比较大，影响了心情，他最差的一次模考成绩是全年级三十名左右。所以，他高考前心态很不好，结果没有考到600分。

王极盛：如果他能够正常发挥可以考上什么样的大学？能考上北大吗？

赵楚然：即使考不上北大，人大应该没问题的。

心态平和是关键

关于赵楚然同学的心态,我有如下看法。

第一,她在刚进高三时或者月考成绩不好时也有心理压力,也感觉紧张,但很快就会调整好心态。在高三的一年中,一点心理问题没有,一点心理压力没有,几乎不太可能。问题的关键在于有心理压力时、紧张时、心情郁闷时,怎么尽快把心态调整过来?我曾经反复强调,人人都有心理问题,特别是高三的考生,心理问题多一些是很自然的现象,关键在于有了心理问题,要能及时调整过来。

赵楚然同学刚进入高三时,心里有些压力,这是不少刚进高三的同学存在的心理问题。随着跟着老师复习,各项目标逐渐达到,换句话说,随着实力增强,心态就自然平静下来了。因此,我认为,提高实力是高考成功的硬件和基础,也是调整心态的根本要素之一。实力强就不害怕,实力差就害怕,这是常识问题。所以,刚进高三的同学,一定要按照老师的要求去复习,随着实力的提高,心态也会逐渐平和。

赵楚然同学有一次月考考得很不好,压力很大。她后来想明白了,把不会的地方补上去不就行了吗?对考试成绩不好有这样的认识和态度,对心态的恢复,对心态的稳定都太重要了。赵楚然同学做到了这一点,心态就好了。因此,我希望高三的考生一定要树立一个理念,那就是考试要达到查漏补缺的目的,成绩本身固然很重要,但更重要的是对考试成绩的态度,对考试成绩的认识,对考试成绩的心态。

第二，赵楚然同学在高考前一两天，以及在考试中心态都非常平静，这是她高考获得优异成绩最关键的因素。

赵楚然同学在高考考场上不仅心态平和，而且充满了信心和希望，希望通过考试来证明自己，通过考试来实现自己的理想。这是多么积极、多么阳光的心态！

第三，赵楚然同学从自己的学习实践中，通过考试对高考成功规律把握得非常好。我总结高考成功规律是：高考成功≈实力＋心态。我想赵楚然同学未必知道我对高考成功规律的研究结论，但她说的话，她自己的体会和我对高考成功规律的表述完全一样。她说："考试一方面要看实力，另一方面，心态很重要。"我研究的高考成功规律的结论，是我多年在高考第一线研究，特别是对高考状元研究的大量素材的基础上，概括总结出来的。因此，我对高考成功规律的表述与赵楚然同学对高考成功的认识完全一样是不足为奇的。

赵楚然同学非常强调心态在考试中，特别是在高考中的重要性。她根据自己的体会和周围同学的情况，对心态在高考中的作用说得非常好："心态好，就会发挥好；心态不好，就会影响发挥。"据我的实证研究，心态好，发挥好，能够提高100分。心态不好，发挥不好，能丢50分，甚至300分，极个别的造成1分不得。我们可以从赵楚然同学的谈话中进一步认识心态就是分数，调整好心态是高考成功的一半。

同时，我们也不能忽略另一半，实力也是很重要的。实力是高考成功的硬件和基础。但是，我讲课、写书为什么总是反复强调心态的重要性呢？那是因为有相当多的考生和家长只重视实力，忽视心态，因此造成高考成绩与自己付出的努力不成比例，陷入深深的困惑之中。作为一名心理学工作者，作为一名高考的心理学研究者，我自然会不断地强调心态在考试中，特别是在高考中的重要性。

在这里，我不仅强调心态在高考中的重要性，还要强调心态在平时考试中的重要性。

我在这里不仅对高三考生及其家长强调心态在高考中的重要性，我还要强调中学的学生和家长越早树立心态就是分数、调整好心态是考试成功的一半的理念并且掌握调整心态的基本方法，学生的成绩就越会逐渐提高，学生的心态也越会趋于平和，家长也会走出对孩子学习干着急、瞎帮忙、帮倒忙的误区。

模拟考试数学考150分不高兴，考130分反而高兴
——访评高考重庆市文科状元蔡妮芩

> **状元金句**
>
> 尽量不要熬夜，就是抓紧白天的时间，老师上课讲的信息量非常大，你走一下神可能就遗漏了很多。我就是把精力放在白天，早上精神百倍地进教室，晚上觉得自己很有收获地出教室。

蔡妮芩同学说，如果数学题目比较简单的话，我能考150分，那反而不太高兴，因为没有收获了。如果考了130分，特别是错了选择题的时候，心里很高兴，因为有收获了，又是一个错误，就能避免自己高考中不再犯错误。

王极盛：谈一谈你高三这一年在学习上有什么经验，自己认为高三有什么经验？

蔡妮芩：成功的第一点就是心态要放松。到了高三以后心理比较脆弱，比如你看到人家做对了，自己没做对，很多人心里有挺大的负担，觉得不行了。我这方面放得比较松，但是又不能放得太松。比如说数学方面的题，我错了一次就不能容忍自己再错一次。然后高三的时候要注意反复地复习，一步一步来，不能对学习失去信心，不能因为一点错就失去信心。我觉得这是很正常的，所以就是在学习当中每一次都要尽力，这样在高考

之前你觉得自己没有准备好也不会怕了。高考之前我也觉得没有准备好，但是真正上考场的时候，就觉得自己其实已经做得很好了。

王极盛：你觉得高考没有准备好？

蔡妮芩：因为文科东西比较多，平时是觉得把书上的东西背住了，这才叫复习好了，但是有那么多资料，有的只是大致看一下，不一定能记住，就是觉得心里没有底，整个班上都觉得复习得不是太好。然后真正上考场的时候，就跟自己说，我已经准备好了，确实已经准备好了。

第四点经验就是要向同学学习，就是在平时学习当中，虽然我的成绩可能比另外一个人好，但是他的方法是值得我学习的。比如他做笔记的方式比较好，我就学过来，或者做数学题的时候，他如果思路好的话，就可以借鉴过来。

王极盛：思路是怎么借鉴的？

蔡妮芩：在数学方面，比如说我做题的方法很烦琐，别人很简便，就可以把他的方法借鉴过来。还有别人的良好品质也应该学习，学习一些心理素质。比如说考试过后，他总结自己错误的那种心态特别好的话，我也会学习。我不会因为考得太差而放弃，会认真地总结。

王极盛：你是重庆市文科状元，你平时考试考差过吗？

蔡妮芩：其实我在小考当中的成绩是很不尽如人意的。

王极盛：不尽如人意到了什么程度？

蔡妮芩：最差的时候是到了年级第二十八名，400多个人。

王极盛：那时候是什么心态？

蔡妮芩：考第二十八名的时候，因为那段时间我确实觉得自己努力学了，前一次考试是第十四名，这次到第二十八名了，而且接着考了两次二十八名。那段时间心里很复杂，觉得我这段时间的努力没有得到回报，首先就是有点泄气，其次我很倔强，不愿意承认我只能是第二十八名，就逼着自己改善自己的很多方面，最后排名就回升了。

王极盛：考得最好的是多少？

蔡妮芩：是第一名，有两次，加上高考三次。

王极盛：一模、二模考了多少？

蔡妮芩：一模、二模好像都是第二名，连着考了几次第二名，高考之前都是第二名。

王极盛：高考之前第一名的同学高考考得怎么样？

蔡妮芩：也都在北大呢，他们都是高考考得不理想。

王极盛：多少分？

蔡妮芩：660分左右。

王极盛：你呢？

蔡妮芩：我670多分。

王极盛：你觉得他们考试不理想的原因是什么？

蔡妮芩：他们就是因为第一名把自己打败了，因为高考的时候老想着拿第一名回去，我要进光华。因为重庆是考后填报志愿，所以他们这种心理更强了，就是自己把自己打败了。

王极盛：你还有什么经验呢？

蔡妮芩：在高中好像就是一个课堂效率的问题，特别是在高三。因为大家的学习时间都已经很长了，如果再自己加上一部分的话，学习效率其实是不明显的。比如有些人熬夜，我们班有人熬到一两点的，我到高三的时候一般到12点半就休息了。

王极盛：你觉得挺早的了？

蔡妮芩：在我们那个班确实挺早的，在北京地区可能是很晚的。

王极盛：你晚自习也比较长？

蔡妮芩：我就不知道了，因为熬夜在高三还是相当多的。尽量不要熬夜，就是抓紧白天的时间，老师上课讲的信息量非常大，你走一下神可能就遗漏了很多。我就是把精力放在白天，早上精神百倍地进教室，晚上觉得自己很有收获地出教室，不像有些人早上来的时候觉得昨天学了很久，到学校就睡觉，出教室门的时候觉得很荒废。这一点我是没有的，就是觉得自己过得挺充实，效率很高。

还有高三需要恒心，也就是做好吃苦的准备吧。在高三的时候，我不是班上最努力的一个，但是我也是班上努力的一个。

王极盛：再补充一句，我调查过 300 多名高考状元，没有一个高考状元是班里最用功的，也没有一个高考状元是班里最不用功的。勤奋是成功必要的条件，但是光勤奋不行，还得讲究学习方法，讲究心态。

高三这一年考试频繁,怎么对待高三的考试呢?对高三的态度不同决定了学习的积极性、决定了主动性、决定了学习效率、决定了学习心态,最终决定了考试成果。这是一个普遍的问题,很多高三同学惧怕考试,家长有时候也对考试表现出厌恶的态度。一名家长等孩子放学回家问,今天又考试了吗?孩子说又考了,妈妈就说,你们老师就会考试。后来这句话传到我耳朵里了,我跟他妈妈说,要不会考试,他老师就不是称职的老师,高三不考试做什么?考试就是一种学习、就是一种检验、就是一种查漏补缺的好方法、就是一种巩固知识的方法、就是利用知识解决问题的方法、就是活学活用知识的方法,厌恶考试就是厌恶学习、厌恶发现问题、厌恶发现自己的不足,就会停滞不前。

总之,进入高三之后,能及早地正确对待考试是一个大问题,对高考的成绩、心态都有一个大影响。有的惧怕考试的同学厌学,甚至最后弃学,整天去网吧。而蔡妮芩同学刚上高三的时候,也有点抵触考试,但他们经过模拟考试以后,对待考试的心态已经很平和了,知道考试就是发现错误。正如她自己所说的,数学考试考150分反而不高兴,因为没有收获;如果考130多分,特别错了选择题,心里很高兴,因为有收获了,又发现错误了,就能避免高考不再犯错误。这样一个心态的转变,是高考成功的非常重要的条件,即使你在一模考试、二模考试考得不好也不要灰心,某种程度上也是好事,你赶快查漏补缺,高考再考你就会了。平时暴露问题越多,高考错误越少,不怕平时犯错误,就怕高考犯错误;不怕平时没考好,就怕高考没考好。

  亲近考试，热爱考试，欢迎考试，能帮助考生很快进入状态。蔡妮芩同学对此也是深有体会，因为高三这一年，老师把她的数学救活了。老师怎么使她的数学活起来呢？就是考试，每个星期都要考，甚至每天，这样你考试就不会紧张了，考多了，科学的方法也总结出来了，到了之后再考试就能马上应用了。正像很多平时成绩好高考成绩考得也很好的同学说，把平时考试当高考，高考就当平时考试，这样高考就很自然地进入状态，可以很好地发挥，取得满意的成绩。

  蔡妮芩同学在我访谈的时候说了一件事情，我们虽然不提倡这样的事情，但是说明她们对考试已经很随便了，不紧张了。她说她和她的同桌有时候老师不监考，她们两个人就边聊天边考试，当然没有对答案了。这是对考试已经很习惯了，像是平常事了。

几乎天天都调整心态
——访评高考云南省文科状元高扬

> **状元金句**
>
> 很多人说目标要定得合适,但是我觉得目标要在合适的基础上高远一点,即使最后达不到,也可以促使你向更高的平台上提升自己。

高扬同学从小就想上北大,小学的时候参加夏令营来到北京,本来要参观北大的,非常遗憾,那天下雨没到北大参观,但是今天终于以 676 分的高考卷面分数考取北京大学,并且成为云南省文科状元,终于来到北大了。

王极盛: 祝贺你考上北京大学,我以一个老校友的身份祝你在北大四年生活当中再接再厉,再创辉煌。先讲讲你高三有什么故事,有什么深刻的事件?

高扬: 其实在高考之后,有人问我高考取胜有什么法宝之类的,我觉得可能就是我的心态比较好,因为我之前没有特别大的学习压力,我没有想过一定要考状元,或者我一定要达到哪个水平,我只是希望尽自己最大的努力去做,心态特别放松。高考之前有很多模拟考试,我每次成绩下来之后,就是研究分析,下落的时候不慌张,上涨的时候还是特高兴的,只不过妈妈会说不要骄傲之类的。我的学习方法没有什么特别多的,我觉得学习方法需要不断地改进、不断地摸索，别人好的学习方法我会吸收一些，多吸收师兄师姐他们讲的，多给自己一点鼓励。北大是我的梦想，北大在云南招生的人数比较少，文科只有8个名额，竞争比较激烈，但是我一直把它作为自己的目标，我上高三的时候就在桌前贴了一张纸，在上面写了"北京大学"4个字。我们高三有12次模拟考试，每次考试之后我会在这个纸上填一句话，就是"少年辛苦终成事"这些，就是勉励自己不要放松，不要懈怠，因为有一段时间是比较疲倦的，然后模拟考试成绩比较好的时候，我就会写一点再接再厉、精益求精这些。这些是我觉得做得比较成功的一点，高考之前一定要给自己一个定位，要给自己设定一个目标。很多人说目标要定得合适，但是我觉得目标要在合适的基础上高远一点，即使最后达不到，也可以促使你向更高的平台上提升自己，是这样的。

比如说，我一个同学，他学习成绩中等，但是他就特别想考北大，那么北大是他的目标，但是他现在考到了中央财经。我觉得也就是北大一直在鼓舞着他，让他不论是往北大靠拢，还是往北京靠拢，反正他来到北京这个文化底蕴比较深厚的城市，也是一所比较好的大学，所以我觉得目标可以高远一点。

王极盛：你什么时候有考北大想法的？

高扬：应该是从小学就有，因为参加夏令营来北京，本来计划是要参观北大的，后来那天下雨我们去了清华，没来北大，就挺遗憾的，之后我没有来过北大了。

王极盛：今天终于圆梦了，你在初中高中遇到过挫折没有？

高扬：我读书一直都是挺顺利的。因为云南那边教学质量比较差，听有些同学说，他们每天只有5小时的自由时间，我们那边感觉就是高三的压力不是太大。对于学习成绩比较好的同学，特别是想考北大、清华的同学来说，还是很难的。毕竟名额太少了。

王极盛：你有过顾虑没有，有过什么想法没有？名额很少，那么多想上北大的，有没有怀疑过？

高扬：想过，因为我觉得从初中到高中，我们只有一所重点中学，感觉那个目标特别地近。因为我们在市区里面，我觉得它就在眼前，马上可以到那儿，但是读高中时觉得北京大学挺遥远的。有时候就在想，我能否是这几个当中幸运的一个？其实这样的想法还是挺多的，于是就拼命地鼓励自己。比如我们去年理科状元也是曲靖一中的，2003届文科状元叶文艳也是曲靖一中的。

王极盛：你高三这一年，向北大前进的过程当中，有没有遇到挫折？

高扬：有的。有一段时间我是这样，我们上自习到9点，之后回家自己复习。我回到家，9点半之后就觉得特没精神，学习效率特低，什么事不想干，就发呆，过了11点之后就挺兴奋的，特想学习。虽然那段时间考试的成绩并不是很理想，但是应该说知识的积累还是有一定的量的。最后把这段时间熬过去了，慢慢调整过来就比较稳定了。

王极盛：你在一模、二模的时候，想没想到自己的成绩进北大有没有问题？

高扬：一模的时候成绩确实不太好，在我们班上也是第五名，年级也就是第五了。全校第五名，在整个云南省排下来就多了，自己也是挺着急的，就想还有一段时间不能就这么放弃了。到二模就是全校第一了，但是分不是太高，就想着还是有希望，只要有希望就努力吧。

王极盛：离北大也不远了，进考场是什么想法？

高扬：那天挺幸运的，我很放松。因为我们之前有一次全真模拟，整个过程跟高考一样，由老师宣读考场细则，场面挺庄重，我就有点心慌，考第一门就进入不了状态。到高考那天，进了考场，一位监考老师宣读考场规则，他的声音比较温和，我觉得挺放松的。我拿到试卷以后，浏览了试卷，觉得他出的这个题跟我们平常做的还是有一点区别，就是换了一下，但是想想也没有什么，就做下去了。考语文的时候，选择题做第一遍的时候挺拿不准，心里不踏实，后面在检查试卷的时候，改了好几个答案，所幸全改对了，所以就是说第一印象也不是特别准。

点评

人是要有志气的,人是要有目标的,有目标就能为了目标而奋斗。但是这个目标不是一句空话,不是越高越好,要向目标一步一步地、实实在在地靠近。高扬同学小学的时候参加夏令营,本来要参观北大,但是因为那天下雨成为一种遗憾。但是她高考成绩优异,以676分的卷面成绩成为云南省文科状元,从而来到了北京大学。

那么高扬同学高考成功的原因是什么呢?她回答的是良好的心态加上适合自己的方法。她的心态是什么呢?她的心态是比较平和的,她是比较会调整自己的心态,而且从日常生活当中来调整,随时随地调整,甚至几乎每天都在调整,她调整心态的方法我归纳起来有以下几种:

第一种,与自己的亲朋好友谈心。每天和爸爸妈妈说说话,说说心里的事情,这样就把心里的压力缓解了。用她的话来说,不能把苦闷憋在心里,要释放出来,这特别重要。很多学生,特别是那些内向的学生,常常把自己的苦闷压抑在心里。其实只要你和亲朋好友说开了,得到他们的支持和鼓励,你就会感到轻松,压力就减轻了,这就是释放压力一个非常有效的办法。一个高三同学能一点压力没有?能一点郁闷没有?怎么办?不能让郁闷束缚自己,应该主动地排除郁闷,排除压力,其中一个大家都可以做得到的方法,就是和同学、家长交流交流。这不是很简单的事情嘛,但是很多人没有做。而高扬同学在这一点上,做得很成功。

第二种,利用各种方法进行自我暗示。例如,她学数学就利用自我暗示法,告诉自己不要怕它,你一怕就觉得自己不行。自我暗示太重要了。有很多高三同学压力很大,情绪很苦闷,没有信心。我常跟同学说,积极暗示非常重要，别小看它。心情烦躁的时候，你在桌子右上角写个字条放在那里，写上"镇定，镇定，镇定，沉着，沉着，沉着"就是一种自我积极暗示，经常看它，心情就会好起来。

第三种，经常听歌，去学校的路上听听歌。

第四种，自言自语对话。例如：高扬同学挺不错的，踏实一些，不要浮躁，离北大越来越近了。这种方法也会帮助自己排除浮躁，强化信心。

第五种，运动法。她特别喜欢打排球，参加比赛，这样也可以使自己的身体得到放松，在释放压力的同时使心态得到调整。

总之，高三这一年心态是太重要了，过来的人都有这样的体会。在高三这一年，压力和郁闷是不可避免的，问题是要学会主动地排遣和调整。这种调整方法一般并不难，像高扬同学这些方法谁不能做到呢？问题是你做不做，做到了对心态就好一些，对高考成绩的提高帮助就大一些，否则可能心态就差一些，高考成绩就降低一些。

把高考权当作练习
——访评高考陕西省文科状元孙凌

> **● 状元金句 ●**
>
> 因为有竞争才有提高,有竞争才能看到别人的优点,看到别人的长处。"三人行,必有我师",不断从别人的长处汲取你成功的因素,把别人的优点转化为你的优点,跟别人学习,这样不会有竞争的压力的。

我对孙凌同学第一个印象,是她心态非常平和,充满着微笑,我觉得她是一个有信心的人、相信自己的人、会调整心态的人。在我们的交谈过程中,我确实感觉到,这个孩子心态好,会调整心态。

王极盛:你谈谈在高三学习上有什么经验?

孙凌:学习上,最主要的就是方法的总结和心态的调整。高三这一年,最主要的是得益于心态的调整,首先是要适应高三的学习状况,比如说日渐频繁的考试,还有日渐增多的复习题,还有跨度很大的课,要适应这些。因为刚开始的时候有一些题出得是偏难的,或者说出得不是特别科学,或者是自己的思路没有调整过来。要不断地适应这些,然后要不断地给自己鼓劲。第三就是要有目标,坚定信心,有时候因为晚上睡得比较晚,上课容易困,就要用这个目标给自己鼓劲;要有紧迫感,然后要制定详细的计划,一天要完成哪些任务,一天要做哪些课题,一个星期完成哪些任务，一个月有哪些提高，一个学期提高到哪里，这些都是一些好的习惯，播种习惯，收获人生嘛。

然后记笔记，因为老师讲的东西比较多，就需要拿一个笔记本整理，串成一条线，这样复习就会有一条主干，比较方便。像我们文科要留意时事，要与时俱进，然后不断地听一些新闻，看一些报纸，养成一些习惯，还要整理做过的一些习题。比如自己不会的，或者比较难的可以标出来，把不会的知识点标在旁边，便于以后的学习。然后是考试，就是一个全程的准备，首先是考试时候的心态。老师当时跟我们讲，要有这样两个心态，人难我难但我不畏难，人易我易但我不大意，就是平时练习当高考，高考权当作练习，平时练到位了，高考不会害怕了。首先就是一个心态上的准备，然后就是考试的时候，不管大考小考都要有一个认真的态度，最后就是考完试的总结，比如写试卷分析，可以在卷头上把哪种类型的错误，错了多少分，相应的方法、相应的错误原因都写在上面，便于日后的复习。还有就是可以找老师一起讨论在知识上的失误。

至于说失败的经验，首先就是背书这方面。我们学文科背的东西比较多，一开始找不到窍门，看了很多遍都记不住，后来慢慢摸索出来时间上要化整为零，就是理解和记忆要相结合，再就是抓住主干。其次，失败的经验还包括有一段时间缺乏信心。因为高考的时候，每个市里都会有很好的中学，经常就是把其他学校传得非常好，有很多优秀的学生，这样自己相比之下就相形见绌了。要正确地对待这些信息，把这些压力化为动力。主要的经验就是这些。

王极盛：在高三这一年，你感觉遗憾和失误的地方，有什么不足和教训呢？

孙凌：比如刚开始定计划定得有点不太实际，太多了，完不成的时候觉得心理上不太好，有点受打击。建议大家定计划的时候，要不断调整，不要一时间定得太多，要定得实际一点。高三因为自主性还是比较强的，老师会把很多东西交给自己来做，有些作业就不再检查了。由于我那时候喜欢看电视，晚上就看电视了，个别的时候浪费了，建议大家还是自己要把自己管好。比较遗憾的就是这些。

王极盛：你再谈谈你高三这一年心态怎么样，遇到挫折是怎么解决的？

孙凌：遇到的挫折主要是文综这一块。因为文综刚开始复习，很多东西没有记住，答题技巧不太熟练，那时候分数在230分左右，并且一度提不上去。其实只要从知识这方面，理解这方面，思路规范性、答题规范性这些方面努力，最后会有一个比较大的提高。比较郁闷的就是很多知识记不住。因为文科的政史地的知识点还是相当多，所以还是像我刚才说的那样，不断地记忆，不断地反攻，就会好一些。

接下来比较郁闷的就是因为我们西安的重点中学有很多，我们学校在西安不是最顶尖的学校，虽然是八所重点之一，经常会传出来其他学校同学考得很高，相比之下把自己的定位定得比较低，自己觉得竞争太激烈了，自己是不是上不去，信心上有一点受挫，但是还是会调整，把压力变成动力，然后慢慢就好了。还要不断地跟老师和家长，跟有经验的人沟通，还有王教授做的一些节目，高三的时候也是经常看。

王极盛：你在高考前几天和高考当中心态怎么样？

孙凌：应该说是比较平稳的，因为老师提前给我们做了辅导。刚才说的那两个，一个是人难我难我不畏难，人易我易但我不大意，还有平时当高考，高考权当作练习。高考之前我是吃得好，睡得香，没有什么影响。高考那一天，9点考试，我睡到7点还没醒，睡得挺香的，然后进了考场，不管难还是简单，我坚信不会有失误，会就是会，不会改变不了，平时的基础已经决定你的高考的程度了，不会有怕客观因素影响的负担了。

王极盛：你知道是状元了当时是什么心情？

孙凌：其实不是特别惊讶，之前有一个比较，有一个评估，但是也有一点惊讶，毕竟这是一件很幸运的事情。因为我也了解到，第二名跟我差几分，大家实力都是相当的，我只是比较幸运。

王极盛：平时在学校里，大考排队基本上第几名？

孙凌：基本上都是第一名。

王极盛：有没有压力？

孙凌：把压力转化为动力。

王极盛：怎么想的呢？

孙凌：就是说，因为有竞争才有提高，有竞争才能看到别人的优点，看到别人的长处。"三人行，必有我师"，不断从别人的长处汲取你成功的因素，把别人的优点转化为你的优点，跟别人学习，这样不会有竞争的压力的。

王极盛：你的家庭教育是宽松的还是比较严厉的？

孙凌：应该说是比较宽松。从我小时候开始，父母经常出差，我一直在爷爷奶奶家住的。家人沟通得特别好，不管是跟父母，还是爷爷奶奶，只要是心里有什么事情都会向他们说，及时解决掉，所以一直过得比较开心。他们也注意培养孩子的自觉性，所以应该是比较宽松吧。

点评

孙凌同学学习成绩一贯很好,学校大考当中基本上都是第一名,高考时以685分的文科成绩成为高考陕西省文科第一名。她为什么会成功呢?孙凌同学对我说,最主要是方法的总结与心态的调整,她认为高三这一年最主要是得益于心态的调整。那么她是怎样调整心态的呢?

第一,她得益于老师的教导。在调整心态上,有两个理念,第一个理念就是人难我难但我不畏难,人易我易但我不大意。再一个理念就是把平时练习当作高考,把高考权当作练习。她具有这样的理念,实际操作也是这样进行的。按理说,高考大家都很紧张,有很多同学睡不着,吃不香,她倒好,高考之前吃得好,睡得香,没什么影响。高考那一天,9点考试,她竟睡到7点还没醒。进了考场,不管是简单题还是难题,她坚信不会有失误。因为她已经认识到平时基础决定考试的水平,不受高考客观因素的影响。平时人们常说心平如镜,我这样形容她也许有些过分,但是确实表达出她当时心态平和的程度了。

孙凌同学调整心态的第三个理念就是化压力为动力。高三这一年肯定有很多压力,但是孙凌同学把这些压力变成动力。例如,从外边学校传来一些消息,别的学校学生考得很好,自己就觉得自己地位比较低了,就感觉是不是自己上不去了,信心上受到挫折,但是她就会调整,把压力变成动力,慢慢就好了。

孙凌同学调整心态的第四个理念,在高三这一年,她在学校里面大考基本排名是第一名,也是有压力的,但是她有怎样的认识理念呢?感觉有竞争才有提高,有竞争才能看到别人的长处,看到别人的优点,"三人行,必有我师"，不断从别人长处中吸取营养，把别人的优点转化为自己的优点，向别人学习来提高自己，这就是一种良好的心态。有些同学整天患得患失，高三一年大小考不断，总是在患得患失当中度过的。考得不好，心情一落千丈，完了，自己不行了，怎么办呢？压力可想而知。考好了也有压力，别人追上我怎么办？我怎么跟别人竞争呢？我怎么保持自己的位置呢？其实这就是没有把压力变成动力，死守着压力的到来。其实每年高考都有班里成绩最好的同学未必在班里高考时考得最好，为什么呢？就是压力。他不是把压力变成动力，他是死保自己的位置，而不是放开眼界，吸取别人的优点，把别人的成功变成自己的成功因素。不是开拓前进，而是死保。这就是能否把压力变成动力的关键所在了。对待压力的方法不同，就有不同的结果。

孙凌同学在对待考试的心态调整上，这四个明显的心态理念确保了她在高三这一年比较顺利地度过，而且高三这一年大考成绩一直领先，一直到最后高考成为陕西省文科状元。从这个意义上说，素质决定成绩，素质决定成功，心理素质就是高考素质最重要的组成部分。

孙凌同学调整心态的第五个理念是，适应高三，适应高考。这是一个非常重要的问题。很多考生都是疲惫不堪，怨声不断，为什么？其中一个原因就是不能适应高三的学习生活。高三的学习生活就是考试频繁，学习量大，很多同学适应不了，因此心态不好。而孙凌同学就是学会适应高三的学习特点，这就是一个调整心态非常重要的组成部分。

孙凌同学调整心态的第六个理念是，确定目标，坚定信心，以此来激励自己克服困难。高三这一年某种意义上是克服困难的一年，磨炼自己的一年，锻炼自己意志的一年，向目标奋斗不断进取的一年。有的同学在这一年当中遇到困难，停滞不前，打退堂鼓。而孙凌同学不是这样的，她遇到困难，用自己的目标来鼓励自己。这是一个很重要的调整心态的方法和策略。

孙凌同学调整心态的第七个理念是，不断地制订计划，有长远计划，也有短期计划。这样来讲，按计划办事，人就会心平气和，生理节律和心理节律就会顺畅；长期按计划办事，就会养成一种良好的习惯。这种良好的习惯对学习成绩的提高是大有好处的。在这个意义上来讲，孙凌同学说，播种习惯，收获人生。她确实在高三这一年，包括高一、高二，养成了好的习惯，最后在人生道路的重要时刻取得了令人振奋的成绩。

我是靠思维取胜的
——访评高考陕西省理科状元闫欣

> **状元金句**
>
> 老师布置的题做了以后我会思考一些问题,这样知识学得比较活,学习就比较轻松。

闫欣同学从来不买参考书,不做老师没布置的作业,学得比较轻松,还考上了北大,成为陕西省理科状元,她是靠什么取胜的呢?她自己说,我是靠思维取胜的。

王极盛:你是陕西什么地方的?

闫欣:我家在咸阳市,但是我在西安上学。西安高新一中,高新一中是1995年才盖起来的。

王极盛:我首先祝贺你考上北京大学,成为陕西省理科状元。先谈谈你成功的经验和你不足的经验。

闫欣:我觉得自己就是平时学习比较踏实,心理素质比较好,能抗打击。平时在年级排名比较靠前,还是有波动,而且从没得过第一,总是第二名。

王极盛:这次得第一了。

闫欣:这是心理素质好吧。

王极盛:抗打击能力强表现在哪些方面?

闫欣：比如我从高一开始一直参加化学竞赛，我觉得非常投入的，买了很多书，做了很多题，也到处上课，但是考试没有考好，差四五分就拿到一等奖了，所以当时没有保送资格了。然后我们学校就推荐自主招生，我和我们学校三个同学一共四个人一起来北大考试，他们考保送，我考自主，我们四个人关系特别好。考完试以后，他们三个都被保送回家休息了，剩我一个人在那儿学，当时感觉特别受打击。后来慢慢调整过来了，觉得高考也是一条非常好的路，只要我走下去就一定能成功，就踏踏实实把课本拿起来看，最后高考成绩非常好，挺有感觉的。如果当时保送的话，也没有现在这个机会了。

王极盛：你分析一下，高三这一年你在学习上有什么比较成功的经验，再谈谈有什么教训？你成为陕西省理科状元，陕西省的媒体采访过你没有？

闫欣：采访过。我成功的经验，我觉得是靠思维取胜的。我以前不是那种特别刻苦的学生，从来不买参考书，不主动做题，但是老师布置的题做了以后我会思考一些问题，这样知识学得比较活，学习就比较轻松。我觉得自己的优势在这儿。我觉得我们班好多女生都是，老师讲什么，她们接受什么，老师讲题她们自己做，平时买参考书做得特别认真，但是她们这样学下来效果不是很好。我觉得要在思维上取胜，所以学得比较轻松。

王极盛：换句话说，在能力上取胜，思维是一种能力。

闫欣：还有就是学习的时候要比较踏实，我做错了题会拿错题本记下来，以后经常做它们，反复做，直到不再出错为止。然后比如物理某一章特别难，我就会找参考书，把相关章节的内容看看，做一些题，找老师讨论讨论，把所有的难题消除掉了。

还有一点，就是我是比较注重老师和同学的合作的。我不是一个人埋头学的，平时同学有问题随时拿来问我，我都会停下手里的工作给他们讲。通过他们的问题我学到很多很多知识，很多我没有想过的问题，他们问到了，我就自己想，有时候会和老师讨论。我觉得这个工作对我来说非常有益，就是一个水涨船高的过程。当时坐我前排的女生，她数学成绩不是特别好，150分的卷子考70多分，她经常找我问问题，她把我的基础巩固得特别特别扎实。在我的帮助下，她成绩上升到了140多分，我觉得非常有成就感。我在班里的成绩还是不错的，我把他们成绩提上来以后，就得逼着自己学习，再把成绩提上去，这也是挺管用的。还有经常找老师讨论，可以从老师那里学到很多，不仅是知识，还有思维方式、思想，以及钻研的精神，我觉得对我非常有帮助。

王极盛：现在回想起来，你有哪些遗憾和不足的地方？

闫欣：首先化学竞赛是一个非常大的失败，当时学习有些盲目，就是说题海战术不是特别好，但是还是需要的。我考试没有做特别多的题，这是比较失误的一点。最后高考前我吸取教训，做了一些城市的模拟题，对我有一定的帮助。还有一段时间心态不稳定，看到三个同学保送了，我还在学习，心态就不太稳定。这时候老师就帮我调整心态，说了一些鼓励的话，我慢慢调整过来了。我觉得心态是非常重要的，有些问题换一个角度想，你就会发现生活是非常有希望的，然后就有继续学下去的勇气了。

王极盛：谈谈你在高三这一年的心态怎么样？

闫欣：这一年的心态受过打击，难受过，但是最后想通了。

王极盛：受过打击是怎么解除的？

闫欣：最后想他们都保送了，我再学，我就好好学呗。他们都走了，我还是得好好学，因为高考是我最后一条路了，这个机会我一定要抓住，然后我想自己一定比他们保送考得还好。

王极盛：他们保送参加高考没有？

闫欣：没有，陕西学生取得保送资格就会被取消高考资格。

王极盛：所以你这个差距很大，一时也想不通。

闫欣：对，我最后一想难受也没有办法，这个问题摆在我面前，我就要去解，最后还是非常有斗志的。我当时非常难受，高中学的知识已经是用不到的，用高三这一年时间去复习这些知识，去做题，应付高考，感觉好像浪费青春一样。最后一想，实在不行就用这一年锻炼自己的毅力吧。然后这一年就这样支撑下来了。其实只要静下心来学，这一年还是挺快的。高三一年非常快，其实过得还是非常充实的，这么短的时间里起落无常的，可能已经没有这样的机会了。

王极盛：现在是不是怀念高三了？

闫欣：对，因为我的高三生活过得还是非常精彩的，因为我和同学关系特别好，经常一起做题，一起跑步，一起打球，感觉大家是一起为了自己的梦想奋斗，那种感觉特别好。如果这样想的话，那高三就是非常幸福的，还是挺怀念的。

王极盛：你在这当中还遇到什么不愉快、郁闷的地方？

闫欣：郁闷就是有时候学习没有进步，比如说这次第二，下次还是第二，很郁闷，最后一想，第二就第二吧。因为我们两个星期考一次，我想我这个星期比上个星期努力了，怎么还不进步？后来想想大家都在努力吧，最后想开了，通过高考这条路，把我送到大学就可以了，考得高，考得特别好，其实我没有特别追求那个东西。

王极盛：你在高三这一年拿没拿过年级第一呢？

闫欣：我印象中似乎没有。因为其实第二名比较轻松，没有压力，第一名很累。因为我在后面老是追着他，他压力很大，班主任对他的期望也很大，希望他中状元，因为我们学校还没有出过状元。想让他考状元，所以他可能心理压力特别大，不像我进北大就可以了。

王极盛：最后他考了多少分？

闫欣：他考得其实也挺好，690多分，我是710多分。

王极盛：有没有什么加分？

闫欣：没有加，我当时和保送生一起考试，我考的是自主招生，当时北大给加20分录取的机会。他也有，他有清华大学的，所以我们两个人相差不大，要加也是一起加了，他加20分，我也加20分了。

王极盛：那你这个时候，高考前和高考当中的心态怎么样？

闫欣：高考当中的心态其实是非常平衡的，就像平时考试做题。因为高三经历很多考试以后，对考试没有什么感觉了，以为是晚自习在那儿做题呢，不是特别紧张。我是做事特别投入的人，看着卷子就把一切都忘了。其实高考前要把自己调到那种状态，那个时候看见这个科目的题就会比较兴奋，忘记周围一切了，就是一心一意地做题，不会想着后果，只要想着把现在这道题做好就可以了，要不然以后后悔。平时考试中还经常犯比较傻的错误，就是看题看错了，但是高考中这种错误一次没有出现，我觉得还是心理素质比较好。不要给自己太大的压力。高考前我还是每天坚持跑步，高考当天学校开校车来接我们，我当时住校，他们来之前我还去跑了两圈。高考前和平常也差不多，每天和同学打排球、乒乓球，还挺好的。

点评

伟大的教育家孔子说过,"学而不思则罔,思而不学则殆",光学不想不行,要学和想结合起来。现在素质教育不仅要求想,而且要与行结合起来。知行统一观,这是毛泽东在《实践论》中所说的,认识世界和改造世界是统一的。我们今后培养出来的学生要力求有较强的创新能力,有较高的实践能力,把认识世界和改造世界统一起来。所以,闫欣同学的思维取胜很有道理。

闫欣同学还有一个特点,善于帮助同学学习。她说得很痛快,同学们平时有什么问题找她时,她都会马上停下手里的工作为同学讲。通过解答别人的问题自己学到了很多知识,平时自己没有想到的问题,人家问到了,自己就想,这样就对自己非常有益。提问题是促发人的思维的开端,有了问题就要想解决问题的方法,就会开始运用你思维的广度、思维的深度、思维的创造性、思维的灵活性,通过分析、综合、比较、抽象、概括,来找出解决问题的方法,这就是提高思维能力的过程。这样来讲,闫欣同学帮助同学学习就是对自己、对别人都有好处,就是水涨船高的过程。

有个同学成绩不好,150分的卷子考70多分,经常找她帮助解决问题,她通过别人的提问使自己的知识变得特别扎实,在她的帮助下,那个同学成绩提高到了140分左右,闫欣觉得很有成就感。我想,闫欣同学这种乐于助人的品质是很值得学习的。

而她高考成功还有一个非常重要的因素——心态好,用她自己的话来说,高考当时的心态是非常平衡的,就像平时考试做题,对高考没有什么感觉,以为是晚自习在做题,不是特别紧张。而且她的心态好的一个重要特点,就是她做事情非常地投入,看着卷子什么都忘了,正像她所提倡的那样，高考前要把身心调到那个位置，到那时候看见题就比较兴奋，忘记周围一切，就是一心一意做题，不会想后果，只要想把现在的题做好就行了。这就是心态好的表现。有的同学一看题，就联想到，这道题做出来是什么后果，做不出来是什么后果，患得患失，这样就导致情绪不稳定，信心动摇，思维速度慢。

我觉得闫欣同学高考成功的因素很多，其中两个特别重要：一是靠思维取胜；二是把高考看成是一个过程，是平时的考试，一心一意做题，不想后果。

为了自己的学习就要脸皮变得厚一点
——访评高考山东省文科状元韦薇

> **状元金句**
>
> 我觉得高三一开始到高考为止,所有考试都不要以成败论英雄,知识是自己的,名次是身外之物,学知识是为了自己,完全不是为了考一个名次。

韦薇同学进入高三时的考试成绩是第一,但是为了提高自己的英语成绩,她参加了学校给每个班的后五名办的补差班。同学们都挺不理解的,她却坚持去参加。她认为那段时间对她的帮助很大。

王极盛:首先祝贺你考上北京大学,也祝你在北京大学四年学习生活再创辉煌。首先谈谈高三这一年的感想吧。

韦薇:其实我觉得高三跟平常都一样,只是我们学的课都是复习课,加上特别多的考试,我觉得其实第二轮和第三轮复习水平就已经定了。因为是女孩,所以复习得特别扎实,特别仔细。它体现在文综上,学得特别全,因为我从小自己在复习的时候都是按老师话来的,一点一点学。第一轮复习也是很累的,但是我一直觉得我朋友有一句座右铭特别好,就是坚持是成功和失败的分水岭。其实我自己的方法,每个人可能都知道。

王极盛:第一轮复习抓什么,怎么抓法?

韦薇：我觉得第一轮复习就是把基础一再地复习扎实。像我刚才说的坚持是成功和失败的分水岭，我其实第一轮复习是真正坚持下来的。当时特别累，因为高一、高二都是宽松过的，高三特别紧张，压力特别大，特别想休息一会儿，那时候对学习有一点厌学的情绪，但是还是坚持下来了，想想大学里可能有更好的生活。所以我成功的经验不是聪明，我不认为自己聪明，但是我认为我特别的细心，特别能坚持下来，韧性特别好。

至于第二轮、第三轮复习我建议加强做一套题的训练。我们那时候考试很频繁，应该把每次考试当作高考，所以每次考试都抓住一个尽快进入做题状态的机会。我高考的时候第一轮考语文也是特别紧张，但是我进入状态特别快，没有影响后面的做题。剩下的我觉得到第三轮复习完全就是保持自己的状态。大家经过一周以后应该进入一种状态，就是随便抽出一天来，你都可以去高考，把握这种状态，我觉得特别好，所以第二轮、第三轮就一定要提高自己的心理承受能力。

我这里有一个教训。我到第二轮、第三轮出现一个问题，就是第一轮太能拼，我虽然坚持，但是把高三的后果想得特别地严重，拼命地学，造成睡眠严重不足，到第二轮、第三轮精力就跟不上了。所以现在看看二轮、三轮的状态并不是最好的状态，高三刚开始的状态是我最好的。这也是一个教训吧。

我的英语那时候是最不好的，其实我英语基础还是很扎实，但是忽视了做一些题，忽视了语感的培养，我觉得语感特别重要。那时候就尽量抓一些阅读什么的，培养一些语感，及时问老师。我觉得到高三了，为了自己的学习就要变得脸皮厚一点。我英语当时比较差，我们学校给每个班的后五名办了补差班，我就去那儿学习。我的成绩是第一，虽然有点偏科但是都是第一，同学们都挺不理解的。我认为那段时间对我的帮助很大，我重新巩固了基础，又做了一些以前已经做过但是有欠缺的题。虽然我英语高考考得不是很理想，但是如果不补习就会更不理想。

王极盛：你心态调整得怎么样？刚入高三的时候有什么心理负担，有什么想法，有什么感觉困难的，你是怎么解决的？

韦薇：在高三那一年，我们市里很多大型统考，都是市里统一排名，我一上高三全都是全市第一，就造成了第一次考第一很高兴的，第二次开始有压力，最后高考压力特别大了。我心理负担还是蛮重的，因为我比较看重名次什么的，当时慢慢淡化，看知识的把握，然后是心理，我觉得我完全是按照自己的性子来的。我今天心情不好，我就跟老师聊天，心情就好了。我本来效率还是比较高的，如果调得比较好，效率可能更高一点。我觉得越到高三后面心理状态越重要，可能很少同学碰到每次都考得特别好，但是我觉得，如果你每次都考得好，应该增强了你的自信心。我在心理调适方面，并不是特别成功的，因为那时候我特别不自信。在高考前，老师说我这么多次都考好了，当时还有20分的加分，我完全应该放开。我当时就想，我已经付出那么多了，谋事在人，成事在天，我觉得我完全发挥出自己的水平来，无所谓了。

因为今年山东省语文试卷特别难，分数也比较低，我考完语文以后，觉得特别不理想，但是我觉得不应该影响后面三门考试，可能到高考有一种豁出去的感觉，完全放开了，觉得大家都难，我难别人也难。下午考数学很理想，我就增强了自信心。第二天考文综，考完了觉得也不是很理想，但是我文综一直特别棒，我觉得我不理想别人肯定不理想，完全是自我安慰的心理。到了下午考英语的时候，我的英语考试到后期有点放松，英语单词在脑子里面有点模糊，但是我想最后一门了，好在前几门考得还可以，也还是比较乐观。我觉得什么时候不开心，都不能在高考那两天不开心，而且，我觉得如果有很多同学指望高考临场发挥的话，根本不可能。我不认为平常考得不好，临场发挥就可以特别优秀。我觉得平常的心态特别重要，我特别重视基础的培养，这对高考特别重要。我问过李明，他说考语文的时候手都抖，但是我们有一个共同的特点，就是进入状态后特别棒，就是5分钟以后完全没问题了。因为语文选择题做得不是很理想，而且我有一个习惯，在不会的题上打一个题号，打完以后看选择题不会的竟占了五分之四。那时候可能很多同学觉得灰心了，但是我当时就是想这次就当成一次练习了，然后就往下做，所以最后我觉得我考出的水平就是平常练习的水平，我平常练习的水平就是我高考的水平，我觉得就应该是这样。这样的话，离成功也不远了。

王极盛：在高三这一年，有什么不顺心的事，或者受刺激的事，受挫折的事，当时是什么心态，你是怎么转变过来的？

韦薇：那是一次全市统考以后，我们班里有小考试，我发现对这些考试都不在状态，在班里还是中游，我们老师也着急，我肯定压力也很大，就是到了班里就进入不了高考考前的状态，特别难受。我比较爱哭，可能也哭了多次。我们老师说，场上无常胜将军，说你有一个特点，就是你不是每一门学得特别拔尖，但是你特别均衡，现在一门课考这样肯定不能说明问题。所以从那时起就不再过分看重名次了，就是关注每次考完试以后自己有哪些知识遗漏。通过这种调整，老师也做一部分的心理引导，慢慢觉得每次小考试，可能考熟了那种感觉，就是不重要，就是考验自己的知识掌握，就是脸皮厚一点，接下来又一考试就考了第一，然后我们老师说怎么样？没错吧。后来慢慢地，状态就好了，不会因为自己的高分低分难受了。我在全市统考中最高的一次考了710分，没有加分，那时候很高兴。还有一次也是市里统考，考了620分，就是很低的分数了。我想肯定是自己的知识不全面，而且那次文综考得特别差，我就觉得前一段可能放松了文综，要找出自己的错误。我觉得高三一开始到高考为止，所有考试都不要以成败论英雄，知识是自己的，名次是身外之物，学知识是为了自己，完全不是为了考一个名次。我知道李明有一句话特别好，就是我们饿了就要吃饭，脑子饿了就要学习。我觉得这句话特别好。

小学一开始可能还是为了家长，怕家长打，最后就是为了充实自己的精神世界。如果你从这个高度看的话，就不会特别难过了。

点评

韦薇同学考上了北京大学,并成为高考山东省文科状元,实在不容易。山东省是高考大省,六七十万考生,韦薇同学成为文科第一名,可见她水平之高、心态之好。

我在和韦薇同学交谈中,特别感受有以下几点:

第一,她学习特别扎实,特别仔细。她基础知识掌握得好,不仅能掌握重点知识,心中有知识的网络体系,而且细节也抓得很好。高考实际在某种意义上,就考的是仔细。很多考生考完之后说,那道题真不应该错,太马虎了,什么是马虎?就是你不仔细,不认真,你要仔细、认真就不会丢分了。高考成绩一分之差,千人之后,可见仔细在高考中的作用。

我从1999年研究高考状元,每年对全国31个省、自治区、直辖市省级高考状元进行访谈,结果表明,北京大学每年入学的状元当中,女生的比例大大超过男生,为什么?这并不是女生的智力高于男生,而是说高考要求考生的特点有利于女生。女生相对比男生心细、认真,这正是符合高考要求的,因此,不少女生心细、认真,就获得高分数。有时省里第一名和第二名仅1分之差,在其他情况相同的情况下,谁心细谁就得分,谁就会脱颖而出。

我这里特别想说,有些女孩子怕数学,她们数学学不好,并不是因为她们数学能力差,而是她们数学心态不行,认为女孩数学比不上男孩,没有男孩的数学天赋,实际上这是一种误解。韦薇同学数学特别好,她是女孩,心态好,心细,所以数学学得特别好。

第二,我与韦薇同学接触中,她学习的第二个特点,是不耻下问,不耻下学。韦薇同学学习成绩相当好,排名也特别靠前,但是她觉得自己的英语没有学好，学校里给每个班的后五名同学办了补差班，她也到那里去学习。她是成绩第一的人，但是她不在乎，这就是一种去掉私心杂念，一心一意地学习知识的状态。

我在这里想跟同学们交流一下，假设你是班里成绩最好的人，老师给班里学习最差的同学补习这门课，而你这门课相对比较薄弱，你会参加老师给差生办的补习班吗？我想有很多同学会为了面子不好意思去。而韦薇同学就有这种精神，不耻下问，不耻下学。从这些小事可以看出，她的学习态度和学习动机，她追求什么，也可以看出她的心态。只有心态好、心态平和的人，正确看待自己的人，才会有那种勇气去参加学校给差生办的英语补差班。能做到这一步是不简单的事情，也是对心态的考验。

我与韦薇同学接触，觉得她第三个特点是重视心态的调整，随时调整自己心态。高三这一年一点心态问题没有是不可能的，问题是有了心态问题要及时调整。有些同学不是这样，一次考试郁闷好多天，影响了很多课程的复习。韦薇同学不是这样，她从高三开始到高考，都能以平和心态对待高三的学习生活，不以考试成败论英雄。她说得好，知识是自己的，名次是身外之物，她学习是为了掌握知识，不是为了名次。

她在高三这一年也遇到一些问题和心理压力，但是她能够看淡它。她心情不好的时候找没有课的老师聊，聊聊心情就好多了，心情一好效率就上去了。高考的时候也是如此，语文比较难，她认为我难别人也难，无所谓，下午数学考得很好，信心就上来了。

韦薇同学有个特点，对高考的心态特别重视。她说得好，什么时候不开心都不能在高考那两天不开心。由于她心态好，高考语文虽然很难，但是她5分钟后就能进入状态。

我觉得心态比实力还重要
——访评高考浙江省理科状元卢毅

> ● 状元金句 ●
>
> 考试前放松一点,比如说你本来就是中等的水平,你就把目标定在往前靠几名,一步一步来,这样就有成就感,心态就越来越好。

卢毅同学说心态太重要了,他觉得可能你平时就是这个实力,但是你心态好的时候跟心态不好的时候,考试成绩相差100多分都有可能。

王极盛:你现在回过头来想,高三这一年如果再念的话,你觉得哪些地方做得不够,有什么教训,有没有什么失误?

卢毅:高三最主要还是心态,希望过高也不行。

王极盛:有什么希望?

卢毅:就是竞赛的时候,感觉自己受挫的能力不行。总之,那次竞赛以后自己碰到这种事肯定不会再怎么样了。

王极盛:状元可遇不可求,但你毕竟是这次在全省高考中分数最高的,再换一次就不一定是,但是你会名列前茅。

卢毅:还有一个失误就是不怎么抓紧时间,老爱看动画片。

王极盛:你不是在学校住宿,怎么看?

卢毅:学校有一定的时间放片子,我就看。其他同学都没看,都在用功学习，就我一个人喜欢看。然后就是高三的计划性不是太强，就算定了计划也总是做不到。

王极盛：再谈谈你认为心理状态在高考和复习中的作用怎么样？

卢毅：就是太重要了，我觉得比实力还重要。因为比如说你可能平时就这个实力，但是你在心态好的时候，跟心态不好的时候，可能考试成绩相差100多分都有可能。

王极盛：你这次成为高考状元，考试心态好不好？

卢毅：没有感觉什么。

王极盛：你再讲一讲心态好与心态不好的差别。

卢毅：高一、高二就有这种感觉，有时候发现自己会的题目但是做不出来了，那时候心里就很烦，我会的怎么做不出来，后面的题就很浮躁地做了，然后这门估计就考不好了，考完之后就往坏的方面想，接下来的考试也考不好。高三以后也是自己调整。

王极盛：你认为心态某种程度上比实力还重要，那么你们班上有没有这种例子，原来实力很强，但是由于心态不好没有考好？

卢毅：好像没有。差不多。

王极盛：你觉得高三这一年应该怎样调整心态？

卢毅：还是需要多交流。有时候自己可以调整好，有的时候不行。因为现在学校都有心理老师，有这方面问题可以找心理老师解决。

王极盛：你找过心理老师吗？

卢毅：我没去过，我跟同学聊聊就出来了。我们心理老师不是那种专职的，即使是老师，也只是跟你聊聊天，引导引导。

王极盛：一般这种心理问题都有，你到北大就没有心理问题了？考试考不好面子过不去，谁都会有，所以你感觉心态很重要。在北大心态也很重要的，总有起落的时候，考试也有，不是每次都是第一的。我研究北大、清华状元多年，他们在学校考试中基本上都是在第一梯队。

卢毅：还有就是把目标定低一点，有时候心态不好，是因为把自己的期望定得太高了，达不到就会难受。高三时对考大学太憧憬了，有的同学想把成绩往上提，每次给自己定一个很高的目标，或者自认为能达到一个目标，实际考下来达不到那个成绩，就会觉得自己不行，心里会觉得很郁闷，很失望。你如果换一种，考试前放松一点，比如说你本来就是中等的水平，你就把目标定在往前靠几名，一步一步来，这样就有成就感，心态就越来越好。

王极盛：设置的目标不要过高，过高容易有距离。这次高考是考后知道分报志愿的？

卢毅：对。

王极盛：你考了多少分？

卢毅：705分。

王极盛：第二名是多少？

卢毅：差1分。

王极盛：什么地方的？

卢毅：隔壁班的。

王极盛：你们几中的？

卢毅：我在杭州二中读的，就差1分，他平时成绩比我好。

王极盛：所以状元可遇不可求。比他高1分，1分就起作用了。他知道后有什么想法？

卢毅：不知道，没交流过，不是很熟，算是认识。

王极盛：你成为状元有什么感觉？

卢毅：没什么感觉，反正觉得能进北大，运气挺好。

王极盛：你对高三这一年有什么体会，有人认为是灰色的一年？

卢毅：这些人是没经历过高三，到高三不觉得。

王极盛：你在高二的时候认为高三是什么？

卢毅：高二时，我也觉得高三挺可怕的，不想读，就想读竞赛，考保送。听外面老有人说高三很恐怖，就想参加竞赛了。到高三以后，觉得同高一、高二没有什么两样，每天把自己的时间定好，每天扎扎实实做。我们班不是老是拿试卷和作业来压你，都是挺宽松的。

王极盛：现在进了大学，再回头看看高三的一年有什么感觉？

卢毅：我觉得高三对很多人来说就是破茧化蝶的时候，其实高三对一个人不管是心态来说，还是对人生看法来说，可能完全就是两样的，总之我现在比高一、高二时要成熟多了。

王极盛：有什么不一样？

卢毅：在高一、高二时看问题只是看表面，现在就不会只看表面的东西。高三给我带来的，就是学会总结。

王极盛：你经历了高考，原来是不想高考的，想保送，现在高考之后，你觉得高考是什么，有什么想法？

卢毅：原来有很多人批判，觉得高考折磨人，我也觉得。

王极盛：怎么认为折磨人呢？

卢毅：你也可以看到，平时蛮强的人高考没考好，没有考上啊，或者进入次一点的大学，可能他的发挥失常或者有一些偶然的事情，但是有时候也是一些个人问题。拿我自己来说，我觉得完全是我自己的心态问题。

王极盛：没考好还是素质问题，心理素质差。

卢毅：有人是心理原因，也有人是其他原因。

王极盛：中国目前情况下，高考还是相对公平的方法。如果不高考，走后门，靠关系，那一般老百姓就麻烦了。相对来讲，高考还是比较公平的，大家都在一个起跑线下，用一种标准。现在高考也有改革，有保送，也有自主招生，但考试还是最普通的办法。

卢毅：我们班参加高考的同学，考完以后，不管考得怎么样，就觉得自己很充实，能得到很多东西。

王极盛：对高考的看法呢？过去觉得高考恐怖、紧张，现在呢？

卢毅：考前紧张，但是走进考场就不紧张了，没有什么感觉。

点评

我在和卢毅同学访谈当中谈到不少心态的问题,他对高考的感想是别紧张,摆正心态,用平常心去考,这就是心态在高考中的作用。他自己也有体会,高一、高二的时候发现自己会的题做不出来,心里很闷,怎么做不出来呢?以后做题心里就浮躁了,接下来就考不好了,考完之后就想着,完了完了。

他还说了一个很有意义的例子,他是全国高考浙江省理科卷面分第一名,他所在学校的另外一位同学比他差1分,成为全国高考浙江省理科卷面分第二名。可是平时,都是那位同学在学校的排名比他高。这是什么原因呢?我觉得其中心态起了很大的作用。

卢毅同学也在高三这一年摸索了一些适合自己的调整心态的方法。比如,看书看闷了,和同学一起打打球,打完之后就感觉心里舒畅多了。有时候,他通过和同学们聊天来调整自己的心态。他们有几个同学都是想通过竞赛拿奖,保送上大学,但是都没有成功。他们在一起相互交流交流,谈谈心事,他觉得对调整心态很有作用。他认为通过跟同学聊天,互相开导起到了调整心态的作用。所以说,同学们不要把心态调整看得太神秘了,每个人都有调整心态的方法,要根据自己的情况去调整,但是一定要注意,高三这一年每个人几乎都有心理问题,不过问题存在的时间长短,问题严重性不一样,谁学会了调整心态,谁能够在心理问题出现的时候较早地调整心态,谁就会高考成功,就会在高考的软件上占了上风。

其实很多同学把调整心态看得太神秘了,其实每个人在生活当中都自觉不自觉地在调整自己的心态。到高三这一年一定要有意识地、有目的地、有计划地调整心态,这样确保自己心态比较平和,在高三这一年获得更多的知识。知识有了，硬件具备了，心态好了，软件具备了，高考成功硬件加软件都具备了，就一定会成功。

在这里我还想谈一个问题，我访谈了很多高考状元，其中有不少人都是搞竞赛的，搞竞赛的目的是什么呢？就是为了能保送。因为他们当中有很多人听别人讲，高三这一年太可怕了，高考太可怕了，所以想通过竞赛来上大学，但是他们其中有一些人也是因为竞赛不成功，没能拿到相应等级的奖，最后只能走高考这条路了，开始有很多思想斗争，心里很苦闷。这个时候，谁能尽早走出苦闷的误区，谁能从竞赛的失败当中爬起来，谁就是勇士，谁就会在高考中取得主动。

因此，在这里我想谈谈对于想通过竞赛保送上大学的同学，要有充分的心理准备。如果考不好要及早调整心态，不要认为，为了准备竞赛花了很多时间，耽误了基础复习，耽误了高考复习。这就特别需要想通过竞赛保送上大学的同学，在下决心参加高考的时候要全面均衡，利弊平衡。如果一心非通过保送上大学不可，结果名次不够，又要走高考这条路的时候，他就会有较大的心理斗争。

在这里，我也想谈一下我的不成熟意见，怎样通过竞赛保送上大学呢？我觉得通过保送上大学和通过高考上大学都是获得上大学的途径，但我似乎更偏向通过高考上大学。很多高考过来的人都跟我讲，一个人不参加高考人生是不完整的，我觉得这里包含着这些人关于高考的酸甜苦辣的体验。参加高考的同学，正如这本书里访谈的同学所说的一样，高三这一年是他们成功的一年、成熟的一年，是锻炼的一年，从心态上、从知识上都是有巨大飞跃的一年。正是从这个意义来讲，他们认为不参加高考人生是不完整的。

一个人在高三这种压力大、紧张的环境中成长起来，他就有抗紧张、抗压力的免疫力，他的心理就成熟了，这是人生成功的无价之宝。所以，我倾向于通过高考上大学。

当然我也不反对通过竞赛上大学，但是通过竞赛上大学在确定参加竞赛前，一定要对自己的实力有充分认识。竞赛角逐的名额毕竟是有限的，要看自己成功可能性大小，不要看人家参加竞赛，自己也盲目参加竞赛。每个人实力不一样，个人兴趣特点也不一样，所以参加竞赛前，要仔细分析、评估自己，这样才能做到心中有数。要在有一定把握的情况下参加竞赛，否则可能最后竞赛失败，又要走高考这条路，浪费了不少时间，情绪上也会受到一定的打击。这是我对想通过竞赛保送上大学同学的一些建议和想法。

离高考前一个多月才开始用心准备高考还成了状元
——访评高考广西壮族自治区理科状元陈亚玲

> ● 状元金句 ●
>
> 我觉得有很多事情,特别考状元这个事情,有很多状元他们没有想考状元之后才考中状元的,但是他们为了一个信念,我要好好考大学,抱着这个信念。

她成功地高考,成了状元,用她的话来总结,有三条:第一,心理要坚定;第二,计划性要强;第三,知识掌握要牢。

王极盛:先谈谈你高三这一年是怎么过的。

陈亚玲:首先,因为我是学化学竞赛的,当时特别想要保送资格,所以高二下学期开始要花一些时间弄化学竞赛,高三上学期基本上都没上课,都被化学竞赛占用时间了。一直到高三下学期,等于是今年1月份才参加完所有的化学竞赛,之后就是高三下学期,然后,一边化学竞赛,还有北京大学保送生那个考试。闲下来了就到了高三下学期,收到录取通知书以后,好像觉得挺迷茫的,因为我们广西是可以保送生参加高考的,你面前有两条路,你是好好高考,继续高考呢?还是说有了大学,有了专业,是不是花一些时间看大学的内容?当时我就非常迷茫,因为我们每天也是上课,看了高考的内容特别烦,最后一段时间老师都是训练高考的题目,训练多了就很烦。三四月份都整天很混沌的，不知道自己学了是为了什么。因为对于保送生参加高考，除非你是状元，没有状元录取影响为零。

王极盛：打断一下，你到今年1月份，有没有得过奖？

陈亚玲：得过全国二等奖，不能直接保送到北大。我同时参加北大保送生的考试，也成功了，但是北大是要求参加高考的。

王极盛：这个就比较苦闷了，如果没有保送成功就这一条路了，那就好好学习了。

陈亚玲：所以很苦恼，因为当时我们老师，学校都没有明确说要你考状元。然后校长找我谈话了，说要我把心放在高考上，要我不要分散注意力之类的。我当时也是靠自己，就在好好高考还是不好好高考之间权衡，如果你好好高考的话，花的精力和时间是不一样的。当时有一位副校长找我谈话，让我茅塞顿开。他说高考是一种过程，只要你努力了就好。如果你没有好好努力高考的话，那么许多年以后，你心里就会一直有遗憾，会有这样的设想：如果当时我好好高考的话，说不定我就是状元了。为了不让你有这样的遗憾，我劝你一定要努力拼这一把，不要有这样的遗憾。我觉得很有道理，所以我是从5月份开始努力高考的。之前没有那么努力，觉得生活没有奋斗目标，就很混沌的。上完课吃饭，大家都是在学习，读英语，我想我要干什么，看小说，或者玩电脑，到了5月份才想着怎么考，怎么计划，之前落下的课也基本上补上了。然后就考呗。

往年广西都是选择全国二三套，都是比较简单的，我们老师对高考也有一个难度的估计，不会太难，但是结果我们选的是一套的题目，一看到语文题就傻了，很多题都不敢确定的，但是我想着我已经保送了，心态就比其他考生要好一点，就考了。考完了以后估一下分，我想我肯定得不到状元。

王极盛：你是有加分吗？

陈亚玲：不是，我们是原始分。

王极盛：估了多少分？

陈亚玲：670多分，最后是680多分。

王极盛：你是文科还是理科？

陈亚玲：我是理科生。当时我想肯定得不了状元，因为我觉得这套题目考上690分才能拿状元，我有20分的加分，加完之后七百零几分。考完之后我就回老家去了，我认识一个北大的学生，他发短信告诉我，我已经拿下状元了。

王极盛：你是怎么认识他的？

陈亚玲：在网上认识的。他告诉我拿下状元了，我说你怎么知道，因为我们学校都没通知，他说广西招生组老师说，广西理科第一名是北大保送生，除了你还有谁啊。我也是特别着急，晚上都睡不着，可能性就是50%。

王极盛：你再问他一下不就行了？

陈亚玲：他也不知道，广西只是分数出来了，没有开信息发布会，连我们老师都不敢肯定，最后还是我告诉他们说我得状元的消息，他们就准备横幅什么的。

王极盛：你敢相信吗？最后要不是你就麻烦了。

陈亚玲：他们准备了。我知道的时候第二天中午就发布消息了，他们开始都不敢肯定。后来我认识那个学长，他从广西招生组老师那儿得到确切的消息，就是我，但是还没有发布，我就告诉我们高中班级的老师了，就是这样。

王极盛：得到消息之后什么感觉？

陈亚玲：就是怎么我这个分数也能拿状元。因为每一科都不是发挥得特别好，拿了状元，感觉不会是我吧，可能就是这样。

王极盛：成了状元有什么感想？尽管自己参加了竞赛，最后拿了状元，而且5月份才下功夫高考，你成功在什么地方？

陈亚玲：可能是七分实力，三分运气吧，运气还是很重要的。

王极盛：5月份之前都没有法狠干。

陈亚玲：我的高考知识都是掌握还可以。我觉得有很多事情，特别考状元这个事情，有很多状元他们没有想考状元之后才考中状元的，但是他们为了一个信念，我要好好考大学，抱着这个信念。状元是可遇不可求的，但是一定要有这个信念，好好考。如果你是很随便地考，那我觉得不太可能。

王极盛：你觉得高考当中心态重要不重要？

陈亚玲：挺重要的，我觉得还有一个关键的地方。

王极盛：关键在什么地方？

陈亚玲：当时我在考试的时候，题目比较难，我当时一边考一边想，如果没有保送，我现在是什么样的心态？肯定会很慌的。我当时非常镇定，我说大不了不会做。最后10分钟的时间还想，不行，不能留空，要填满，最后多了10多分的成绩，可能就是心态问题。

王极盛：这10多分不得了啊。

陈亚玲：很多记者问我这个问题，如果你不是保送生，你觉得你能够拿到状元吗？这个问题很难回答，因为保送生那个心态很难数字化的，我怎么知道我这个心态相当于百分之几的分数，也不能从头再来一次，实验一次啊。

王极盛：当时自己是什么心情？

陈亚玲：觉得奇迹总会发生。

王极盛：奇迹发生的道理在哪里？

陈亚玲：以前虽然想过，但是很遥远，现在拿了状元以后觉得很平常了。拿了以后高兴那么一两天，心态就平静下来了，还有很多事要做，你只是拿一个状元而已，对你过去学习的小小的总结。

王极盛：高考你是广西第一名，再考一次不一定是了，但是你有实力，再考一次，也能考北大，只是十名至二十名之内，这就是实力加心态。那你再讲一讲，高三这一年你有什么体会？

陈亚玲：高三的体会，怎么说呢，过了很久了。

王极盛：是否感觉自己成熟了？觉得是痛苦还是有意义的一年？

陈亚玲：我觉得还是比较痛苦，面临人生选择的问题。

王极盛：你已经是北大的学生了？

陈亚玲：我觉得是选择。因为我当时保送的是环境学院，如果我没有得状元，就不能来元培，而且也不能确定我一定要读环境学院，这个很难讲的。当时犹豫了很久，最后得到的最大启示就是一个选择问题，我觉得有很多选择。当时我们化学竞赛有一个广西集训，那个时候需要集训一个月，一个月以后马上要参加北大的笔试，就是考高考的内容，我一个学期没上课，怎么办？当时又在权衡怎么办，我应该是好好竞赛，考一等奖保送北大，还是把高考捡回来，参加笔试，可能把握最大还是保送考试，然后白天上化学竞赛课，晚上看高考的内容，就是这样。然后高考那段时间，高考过来了也是选择。状元可以随便选专业，我想了很久，就选了元培，但是现在元培很多人觉得有好有坏，有争议，认为是一个实验，我们是小白鼠。然后进了之后我们选课，选哪个系，还是很痛苦。我现在就想要不要学心理学。心理学是什么？

王极盛：就是研究心理规律。我研究的是健康心理学，心理问题怎么解决，怎样使心理更健康，更充分发挥自己的潜力。交通心理学是研究交通事故是怎么发生的。

还有什么教训？

陈亚玲：考试不要粗心。

王极盛：你有过粗心吗？

陈亚玲：都有，我觉得我高考就粗心，在数学考试中有一道大题，丢了10多分，就是因为粗心。我整题丢分了，我想肯定状元没戏了。

王极盛：广西理科第二名多少分？

陈亚玲：差了13分吧。

王极盛：你多少分？

陈亚玲：加分704分，不加分684分，不加分第二名差我4分。

王极盛：第三个教训是什么？

陈亚玲：我觉得要心平气和地去过最后那几个月。因为高一、高二都把高中课程学完了，高三就是反复复习前面的旧内容，复习到最后我们都很容易浮躁。出现浮躁就会造成什么样的后果？就是你好像觉得自己什么都掌握了，实际上还有很多漏洞，你也不能很好地把基础的东西打牢，也不能全拿下。很多学习比较好的学生都有浮躁的情绪，我这个人就是很浮躁，要心平气和地去学习。

王极盛：你现在回想起来，高三这一年，有什么感受？过去对高三怎么看，现在过来之后怎么看？

陈亚玲：我在高一的时候，看到高三学长学姐，天天都在考试，每个月都要考试，一考试就封闭起来，觉得好紧张，好恐惧，觉得两年后到高三怎么办呢？看人家考上清华、北大，就想我能考什么学校呢，其实他们都不紧张，我们为他们紧张。到了高三觉得也就那么回事，特别是以后就觉得真没什么。我可能是保送生的心态，我问周围的同学紧张吗？他们说不紧张，有的说刚开始可能紧张，越到后面越不紧张。就是适应了，他们都想着快点高考，怎么还要等那么几天啊。

陈亚玲同学已经被保送到北大,但是选的专业可能不理想。当时北大要求他们保送生参加高考,她在这个问题上,费了很大的心思。但是后来在校长的教导下,终于明白了应该努力参加考试。校长的一句话使她很受感动,校长说:"高考是一种过程,只要努力就好了。如果你没有好好努力高考的话,那么许多年以后你心里就会有这个遗憾:如果我当时好好高考的话,说不定我就是状元了。为了不让你有这个遗憾,我劝你一定要努力拼一把,不要有这个遗憾。"我觉得校长的话很有道理,拼一把并不是为了当状元,而是在自己应该奋斗的时候去奋斗,通过奋斗检验自己的实力,锻炼自己,磨炼自己。后来,陈亚玲同学这样做了,也成功了。她倒不一定说成功是成为状元,但是她求的是好好考试,努力去做,抱着这个心理,考上什么是什么,考成状元是状元,状元可遇不可求。她也知道,要有一个好的信念,有没有这个信念对考试的成绩好坏关系太大了。

她是从5月份开始认真下功夫考试的。虽然备考时间只有一个多月,但是她还是考得很好,而且成为高考广西理科状元,其中很关键的是她有实力,同时她有信心,有坚定的信念,有一种抱负,有一种奋斗的精神。只有这样,她才会考得好。我觉得高考并不是为了当状元的,而是通过高考这样一个选拔考试,在检验自己的人生价值,去磨炼自己的意志。

当然,人无完人,每个状元都有不足之处,陈亚玲同学也不例外。她的教训就是高考粗心,一道数学大题由于粗心丢了10多分。所以我们看待高考要从实际出发,人各有所长,各有所短,当状元的同学未必没有缺点和不足,没考上状元的同学也未必什么事情都不如状元;看问题要全面,从多角度来考虑,考上北大清华的同学,学习实力好,心态好,但是他们也有不足的地方，有的地方他们比不上考上其他重点大学的同学和本科的同学，甚至是考上专科的同学。我这里说的什么意思呢？就是各尽其能，找到自己的优势，挖掘自己的潜力，克服自己的弱势。大家都在高考后进入大学，是在同一个起跑线上一起奋战。考好了，成为状元考入了北大清华的，上了重点大学的同学不能骄傲，要认识到自己还有不足，就是比那些考分比你低的同学来讲也有不足。那些考分比较低的同学也不要气馁，你要发挥你的优势，稳固你的优势，发掘自己的潜力，克服自己的弱势，这样大家就可以在大学学习生活中发奋图强，继续前进。

高三模拟考试长期中上等怎么考上北京大学
——访评高考广东省理科状元林瑞辉

> **状元金句**
>
> 因为你有目标，有动力的话，你自己会选择，会自我控制的，再加上环境的氛围，那样也会变得很兴奋。

林瑞辉同学在高三时模拟考试成绩经常是中上等，但是后来他考上了北京大学。他们学校700多人，考上北大的只有3个人，其中就有他1个，这里的奥秘在哪里呢？

王极盛：你高考成功的原因在哪里？

林瑞辉：我高一、高二、高三都是在一个重点班，可能环境比较好，因为大家都有这种氛围。像我在学校里，看到其他班的同学玩得很开心，我也很羡慕，适当的运动肯定是必需的，看你自己把握吧。因为你有目标，有动力的话，你自己会选择，会自我控制的，再加上环境的氛围，那样也会变得很兴奋。我本来也是一个比较懒的人，高三就很兴奋了。

还有就是要用好学校老师这个资源。因为很多老师很有经验的，带过很多年的高三的，你作为一个高中学生来说，还是第一次经历高三，一定要多利用老师的资源，多和老师聊聊天，肯定会得到很多收益的。

教训第一个是偏科的问题。因为我高二的时候曾经幻想通过竞赛保送来的，所以那时候文科放得很松，用来学习的时间都放到物理竞赛上了，结果高三补文科补得很辛苦。如果一开始所有的课全面发展，高三可能会没那么辛苦，会轻松一点。

还有一个是要多和同学交流。因为我在重点班里面压力比较大，大家交流比较少一点，这个我觉得很重要的。因为到高三毕业以后，会觉得同学之间的感情很重要，而且你在高三的时候，如果交流得好的话，那些资源共享什么的，也很有利于学习的。

王极盛：这就是高三的经验和教训，再讲讲你的心态。任何人都有心理的问题，不知道下一步怎么走，你刚进高三的时候是想着怎么复习？

林瑞辉：我本来很喜欢物理。我了解了一下国内的大学，理科来说北大肯定是数一数二的，我高一、高二的时候就比较向往北大的物理学院，想到这里学理科。上高三成绩就是中上游的成绩，不能拔尖，感觉有点迷茫，因为好像离梦想有点遥远了，但是这不要紧，因为还有一年，我还有努力的余地，就是这样想的。然后就开始努力了，但是我一模、二模都考得不好。

王极盛：一模、二模离高考很近了？

林瑞辉：对，很近。那时候也算是在一种心态调整当中，因为还是有那种比较烦躁的心理，坐不下去的那种心理，但是积累的那些、前面的努力也有一点。然后我们广东是考前报志愿，我考虑一下要不要报北大这个问题，因为报志愿对考试的影响也很大的。报不报北大这个问题我也想了很久了，我个人可能比较追求完美的东西，我就想如果不到北大去，到别的大学读理科，我不如读工科了，到北方大学读工科我不如就留在广东华工去读工科了。华工我觉得我放到第二志愿上也还能考得上，第一志愿就空出来了，我就写北大去拼一拼。这样感觉上就算没有后顾之忧了，可能这个对考试的时候心理也是有很大帮助的。考试的时候心态是比较平稳的，这个比较重要吧。

王极盛：你高三上学期，物理竞赛比较多？

林瑞辉：到9月份就竞赛了。

王极盛：你耽误了一些课程，当时心里有什么想法？

林瑞辉：比如说，一般高三到8月份就会开学了，我8月份一整个月都在准备竞赛，到9月中旬才去竞赛，9月下旬才知道没有竞赛，这样两个月就耽误了，感觉很郁闷。因为花那么多时间竞赛没有结果，高考方面又落下很多课，那怎么办呢？当时的心理就是，有一种不服输的心理，因为自己要自我鼓励一下，觉得自己是一个比较优秀的人，不可能就因为竞赛考不成就不去了，一定还要再往北大去，所以那时候就想，那两个月时间浪费了一些，就靠以后的努力补回来。这样想的，所以心态就这样调整了。

王极盛：你高三这一年，还遇到什么困难、比较苦闷的事了？

林瑞辉：也没有特别苦闷的事。

王极盛：上学期考试的成绩怎么样？

林瑞辉：一般都是中上游的情况。

王极盛：当时感觉考北大有距离吗？

林瑞辉：有距离。

王极盛：当时怎么想的？

林瑞辉：其实我没到报志愿之前，老师也有引导，就是说，先不要想着距离有多大。其实我也跟自己说，越往后那个变化会越大，变化的速率也会越快，肯定还能提高的，就是说，基本上是前面那一段尽量不要想志愿的问题。高三一开学先要定一个目标，往后不要想离这个目标有多远，就埋头努力吧，就这样。

王极盛：你从你们学校中上等的成绩，到后来考上北大，你觉得自己的经验在哪里？你们学校中上等的大部分同学考不上北大，考上北大一共多少人？

林瑞辉：3个。

王极盛：你们学校一共多少人？

林瑞辉：我们学校有一个全省招生的班，具体人数我不清楚。

王极盛：你们本校多少人？

林瑞辉：700多。

王极盛：3个考上的，有你1个。原来中上等根本没有希望，后来变成上北大，你觉得自己成功在什么地方？这个差太大了，按照中上等的时候，你根本上北大没门的，现在3个有你1个。你的经验在哪里？

林瑞辉：其实我个人感觉还是第二阶段心态调整的问题。其实我一直认为自己有能力上北大的，只是心态不好，考不好，一直这样跟自己说的。

王极盛：你实际上是不是心态不好才考不好？

林瑞辉：我总觉得患得患失这样的，考的时候想考不好怎么样了，或者有一些题有难度啊，或者本来这个题应该简单的，有时候难了，就卡一下，就乱了，后面做起来就不顺手。因为数学老师是我们班主任，经常数学测验出了成绩，他会跟我说，你不应该是这样的水平，不该考那么低的成绩，他也老这样跟我说。所以我感觉也就是心态不好考不好，觉得最重要的是把心态放平稳一些。

王极盛：你说自己能从学校中上等水平考上北大物理系，关键就是心态平和了，顺其自然。这就是你最大的成功经验了。你一模前后有什么心理负担呢？

林瑞辉：一模？因为在广州很多人说，一模是模拟比较接近高考，分数也会预测比较准。我就老想着一模成绩可以决定很多东西了，老想着把一模当作高考去考好，因为这个成绩可以决定我报志愿。老是这样想，心理负担也是比较大的，结果考试成绩出来也是一般，在学校里面也不是很差的样子，但是我们学校整个也是考得不好，就是这样。

王极盛：你高三这一年调整心态最成功的经验是什么？你认为怎么调整心态感觉最好？

林瑞辉：压力肯定是有的，如果竞争很大的话。有时候遇到不开心的事，情绪波动的时候，我喜欢打篮球，打一通篮球，或者躲到宿舍里看看小说什么的，放松一下，就是先不接触那些考试题。因为你的心情不好，看那些考试题的话，会很烦躁，越弄越糟，所以我个人觉得心情不好，很压抑的时候，先放松一下。然后考试的时候一定要轻松一点，因为我最大问题还是考试时候心态不好，最主要是那个时候要放轻松。怎么放轻松，怎么调整，还是多自己模拟一下那种情况去做，做多了以后高考心态就会比较平稳了。

王极盛：现在，你对高三有什么感悟，有些人觉得高三是不堪回首的一年。你怎么看？

林瑞辉：这一年，我们班主任说，以后就不会再有这么纯粹只为了学习而学习的时候了，要珍惜。而自己看，这一年自己会成熟许多，会成长许多，也会很充实。我以前比较懒的，高三这一年比较勤奋了，而且基本上没有浪费时间，就算是为竞赛耽误一段时间也是学习到了很多东西。高三整个来说很充实的，也是让人怀念的。我高三的时候跟同学聊天，有同学希望快点过，我希望这段时间漫长一点，在学习前再感受一下这种纯粹为了学习的感觉，我是比较喜欢这种感觉的。

王极盛：作为一个过来人，你对高考有什么看法？

林瑞辉：高考过来人看也就是那么一回事，考前觉得这是人生的一道坎，很重要什么的，当然也确实很重要，但是回头看，也就是那么一回事，往后还有很多重要的事，回头看没有那么严重，没那么重要的感觉。

王极盛：作为过来人你认为高考是什么？有过来人认为高考就是换了一个监考老师，换了一个考场的普通考试。

林瑞辉：做个比喻吧，好像在一个山洞，上面放了一块石头，随时会砸下来，你走过去的时候，往上看好像很危险，但是你过去以后看发现是黏着的不会掉下来，就是这个感觉。就是你没过去的时候觉得很危险，可是走过去以后觉得没那么严重这个感觉。

王极盛：失业者的子女也能考上北大，并且成为高考状元，值得深思！

点评

不少同学到了高三,特别是在一模、二模时考得不好,心情急转直下。普遍认为一模是高考成绩的检验。林瑞辉同学由于高三开始时准备了一两个月物理竞赛耽误了一些课程,所以他后来心态也不是很好,用他的话来说,经常患得患失。他在高三这一年,成绩也不是很满意,上学期考试成绩是中上游的情况,可是他并不气馁。第一,他首先有信心认为自己是优秀的。第二,他认为努力就会使考试成绩越来越接近自己的目标。第三,他接受老师的指导,班主任对他的心态调整很重要。他们班主任是教数学的,常给他讲你不应该考这样的水平,不该考那么低的成绩。他也悟出其中的道理,是自己的心态不好,考得不好,因此要把自己的心态放平稳一些。

他后来是很成功的了,因为在一个700多名考生的学校里成绩是中上等,上北大实在是太难了,后面证明他学校的700多人当中考上北大只有3个人。一个中上等成绩的人终于考上北大,这使人感觉很纳闷,感觉这个孩子一定有什么绝招。其实也很简单,用他的话来说,就是平和心态,不患得患失,顺其自然。他是这样想的,也是这样做的。他用一些方法来调整心态,比如说心情不好的时候,喜欢打篮球,或者在宿舍里看看小说放松一下。这些办法很简单,对他平和心态都起了很大的作用。

林瑞辉同学能高考成功,考上北大,成为广东省理科状元,这也和他对高三的看法有很大关系。有不少人上了高三就害怕,没上高三也害怕。没上高三前听很多同学说高三是炼狱的一年,是非常痛苦的一年。林瑞辉同学认为高三这一年是纯粹为了学习而学习的一年,要珍惜它。他感觉这一年自己成熟了很多,也很充实。他以前是比较懒惰的,高三这一年他很勤奋了，而且基本上没有浪费时间。因此，他觉得高三是很值得让人怀念的一年。这也是他心态调整好的一个非常重要的原因，对高三的态度决定了对高三的心态，也制约了高三的学习成绩和高考成绩。

我们从林瑞辉同学高三的心态历程可以感悟到心态在高三这一年是何等重要。林瑞辉同学从一个学校考试成绩中上水平的学生考上北京大学而且成为广东省的理科状元，我觉得最大的奥秘就在于他学会了调整心态，好心态帮助他考上北大，并且成为广东省高考理科状元。

同学们，我曾经做过一项调查研究，20个影响高考成功的因素，根据它们在高考中的重要性如何，排排名次，谁第一，谁第二，谁第二十。研究结果表明，考生考试中的心态在高考成功中占第一位，考生在考前的心态在高考中的作用占第二位，考生的学习方法在高考中占第三位，考生的学习实力在高考中占第四位。我觉得林瑞辉同学在高三的学习过程以及高考成功也验证了我这个方面的研究结论。

问题是有些同学一直对心态在高考中的作用认识不足，结果吃了亏。2000年高考，甘肃省文科状元袁博说："以前看到1999年、1998年的高考第一名，说考试心态如何重要，我还不相信，当时我认为只有学好、考出好水平。今年自己参加高考才知道心理因素确实很重要。"

我曾经访谈天津市理科状元张继涛，他说："如果把高考看作是一块蛋糕的话，学习实力就是面糕，心理状态就是奶油，其实大家的面糕都相差不多，好吃不好吃就看奶油了。"张继涛同学对于心态对高考的重要性深有体会。

同学们，努力吧，要重视心态在高考中的作用，重视学习调节心态的方法。

高考考的确实是一个心态问题
——访评高考宁夏回族自治区文科状元万木春

● 状元金句 ●

> 高考还是尽量地自己放轻松,什么都慢慢来,一步一步做好,扎扎实实地,不能急躁。特别是高考的时候不能有浮躁的心情,要尽量让自己心情放松,平静地去答题。

万木春同学本来第一天参加高考时心态很平和,但是走出考场后,看见黑压压一片的家长在等待考生,突然感觉高考太重要了,心态有所变化,但她和父母交流后,把心态调整过来了,后两门发挥得很好。

王极盛:首先祝贺你考取北京大学,我以一个老校友的身份祝你在北大四年生活当中再接再厉,再创辉煌。首先,谈谈你高三这一年印象最深的事件是什么?正面也行,负面也行。

万木春:我们高三班里面不管是学习氛围还是同学相处,都特别好,没有说大家互相很少说话,气氛比较压抑,我们班一直没有这种现象出现。在毕业典礼之前那一天,我们班里还组织了一个活动,就是所有同学对老师奖励,给每位老师颁发荣誉证书,还有鲜花,那个荣誉证书是我们针对每位老师不同的特点,给我们不同学习生活上面的东西,从这些方面给每位老师写了一段评语,给每位老师起了一个光荣称号。当时所有的老师都哭了,也是我觉得感触比较大的就是高三能以这样一个氛围,和所有的同学很团结的，感觉大家一直在你身边这样，一直走到最后，让我觉得不是自己走完这一路，都是同学互相支持，包括老师，大家都是共同努力走到今天的。所以说，如果没有这个班和这些老师，可能就不会出我这样的状元。

王极盛：你成为状元以后有什么感想？

万木春：我觉得多少有一点点运气的成分在。因为我在高中一直没有拿过第一，虽然都是前十名，但是一直是第二名到第十名，每个名次都坐过，但是从来没有拿过第一。现在想想可能高考考的确实是一个心态的问题。我记得高考的时候，前一天考语文和数学，考得不是特别好，有点郁闷。我是先交卷的人，交完卷子就出了考场。考场外面三排人围着，第一排是记者，后面都是站着一片家长。我本来可能觉得高考这件事情就当作平常考试对待，但是一下子看到那么多家长，大家表情都是特别期盼，家长表情也是挺复杂，我心里突然就第一次感觉到有压力了。因为我以前学习一直都不给自己压力，至少是自己感觉没有压力，但是那天确确实实很有压力，一下子觉得高考还是很重要，所以那天晚上回去以后，我和爸妈谈了很久，就是努力把自己前面的忘掉，想后面的，把这个心情就释放出去了。

然后第二天早上考文综，自己也是一直特别稳，从来没有波动。一是自信还在，二是觉得前面的考试结束了，已经无法改变了，后面的考试只有努力才有希望，于是抛开一切顾虑努力去考。所以后两门考试的发挥比较好，算是发挥出了自己的水平。

王极盛：你成为状元，之前你每次都是前十名之内，那是你实力强，至于得状元和你的心态是有关系的。你再说一下，高三这一年，在学习方法上有什么成功经验，再说说你有什么失误的地方？遗憾的地方？

万木春：有些是比较普遍的。其实现在想想，我们往届的也有状元，考到清华北大的人也去给我们谈经验，当时听的时候，觉得也就么回事，到现在发现事情就是这个样子，你就是按这样子过来，成绩就是这样子出来的。我从小学到初中，高中好一点，第一是靠我勤奋，第二是靠我踏实。

121

王极盛：高三这一年，肯定有一些情绪的波动，受到挫折，出现郁闷的时候。你觉得高三这一年，哪些方面是你最郁闷的，后来是怎样走出困惑的？

万木春：我高三整体上过得比较不错，出现郁闷是在成绩不好的时候。第一次跌到第十五名的时候，就是高三下学期中间有一次，自己也感觉考得不是很好，结果成绩是第十五名。

王极盛：年级有多少人？

万木春：我们年级一共将近1000人，文科7个班，大概三四百人，我们班第十五名也就是年级第十五名。虽然自己有心理准备，但是猛然一下子出现多少还是感觉很郁闷的事情。那时候主要觉得自己至少基础很好，而且我不是那种成绩忽高忽低的人，所以有一个底线，还有信心在，这次考不好，也是因为这段时间有一些烦躁，特别不想学，肯定表面上该做的事情还是做，但是内心深处这样的东西还在，所以不知不觉会影响我的考试。我在平常注重效率问题，但是作为当时，确实觉得自己该做的都做到了，我也有比较好的基础，所以不用担心。过了两次考试以后，成绩又起来了，我就觉得也是验证了一下自己的这些想法。所以对于以后可能再次出现这些问题，至少是胸有成竹了。我高三还真没有什么大的郁闷的事情。

王极盛：你觉得心态在高考当中重要吗？

万木春：很重要。我也是参考我中考的经验去高考，确实发现过了三年以后，有些东西，这些心里的想法自己很想克服，但是不一定克服得了。我中考的时候，就有克服杂念的感觉，就是前所未有地认真答中考题，但是高考的时候，会不由自主有一些杂念，包括紧张这些感觉都有，而且这些是知道了但克服不掉。

王极盛：有什么杂念？

万木春：乱七八糟的想法，主要的就是担心自己考不好，因为一直考得比较好的时候，也出现过这种情况，担心到了高考的时候不行。但是高考还是尽量地自己放轻松，什么都慢慢来，一步一步做好，扎扎实实地，不能急躁。特别是高考的时候不能有浮躁的心情，要尽量让自己心情放松，平静地去答题。我有时候觉得事情也挺奇妙的，有一些潜在的东西会影响你的总成绩，包括我在想，有时候看考试卷子，觉得很奇怪：自己考得好的时候，每一道题的分数总比别人高一档分，但是自己也看不出来比别人高在哪里；考得不好的时候，觉得每一道题老师都少给我分数。一直有这种奇怪的想法和心理作用，但是还是一直告诫自己，高考来了就考，考完以后不要多想，该怎么样就怎么样。这个时候我特别告诉自己要顺其自然，不能有所强求。所以整个考试的时候，尤其大考的时候，考出来不知道自己考好考坏的时候是最好的，一旦你知道自己考好了或者考坏了，那你的思想就会有波动和影响，所以不知道考好考坏的时候是最好的。我就努力朝这个方向发展，尽量不去想，答这道题的时候想这道题太简单了，我考试的时候就克服这种想法出现，我就不断地告诉自己，这道题看着简单，其实还是很有深度的。就是按照一定的考试经验，不断地在心里告诉自己怎样去做。

点评

万木春同学跟我讲,高考考的确实是一个心态问题。她讲了这样一个故事,高考第一天,考语文、数学,她考得不太好,心里郁闷,交了卷之后,外面有三层人围着,第一排是记者拍照的,后面是一片家长,她的父母没去送她。她本来觉得高考这件事就是当作平常考试对待的,但是一下看到那么多家长,大家的表情都是非常期望,她突然就感觉到有压力了。过去她没有感觉高考有压力,当时一下就觉得高考确实很重要了。因为她考得并不理想,她就和爸爸妈妈晚上谈了很长时间,把自己郁闷的心情释放出去,把前面的考试忘掉,想后面的考试。

第二天考文综,她的信心还在,所以就抛开前面的一些想法,把心思用在后两门考试上,发挥得比较好,考出了自己的水平。这样以643分的总成绩,成为2006年高考宁夏文科状元,终于实现了圆梦北大。

我们总是在讲要减轻孩子高考的压力,帮助孩子平衡高考的心态。这需要方方面面的互相配合,需要大家的共同努力,不解决家长送孩子上考场,等在考场外的问题,这个问题就很难得到圆满的解决。我每年高考都到考场观察,了解各种情况,看到考场外几百人围在学生入考场的大门口,就感觉心里有点发毛,有点担心,谁看到这种情景能没有情绪上的波动呢?

还有每年社会上为学生高考进行很多的公益活动,但是效果也不佳。有时候救护车就停在考场门口,一看心里就感觉有压力。如果我是一个考生,也会想,我要晕过去怎么办?当然这个问题比较好解决,建议救护车停在比较隐蔽的地方,既达到了为孩子服务的目的,又不会引起他们的紧张。

家长送孩子上考场的问题，多少年一直在呼吁，但是效果不佳。我和很多人讨论这个问题，他们说自己在高考的时候，就没有家长接送。我记得50年前，我自己去的考场，没有人接送，只有我们班主任老师在那里。北京很多20世纪80年代参加高考的考生跟我们讲，那时候就是问爸爸妈妈要几毛钱，自己坐车去就行了，现在可不得了，私家车、各种出租车，风起云涌，考场附近堵得水泄不通。因此我向考生家长建议，没有特殊情况，还是不要送孩子上考场，这是真正为孩子着想，让孩子有一个平和心态对待高考。

很多高考状元说得好，我们把平时考试当高考，把高考看成平时考试。如果人山人海的家长在考场外等孩子，每个孩子一看这种情景，就感觉高考还是大事，不比平时的考试。这个念头一来，情绪就会紧张起来，情绪一紧张，就影响发挥，就影响高考的成绩。

我觉得万木春同学还是心理素质好，她虽然感觉有压力，但是能及时释放出来，跟爸爸妈妈交流，抛弃顾虑终于还是使后两门能正常发挥，考出了自己的正常水平。

调整心态　注重沟通
——访评高考四川省文科状元陈璇卿

> **● 状元金句 ●**
>
> 主要就是相信自己，在考场上不要慌。

我在与陈璇卿同学交谈的过程中，问她，你高考成功的原因是什么？她说了八个字：调整心态，注重沟通。

王极盛：高三这一年，包括高考，你最难忘的几件事是什么，给你留下印象最深刻的事是什么？

陈璇卿：反正我觉得我的学习经验也是挺那个的，我没有想到高考是这样的。我以前在攀枝花市都没有考过第一，每次都比第一名要少10多分，最少的一次是9分，我感觉他是不可逾越的。高三的时候一模考得特别差，文综考了二百零几分，我特别受打击，感觉没有什么希望了。但是后来调整心态，在老师的劝导下，我慢慢调整心态，在高考中反而比他高，拿了全省第一，我觉得挺不可思议的。

王极盛：高考总分多少？

陈璇卿：655分。

王极盛：他呢？

陈璇卿：620多分。

王极盛：差很多。你当时怎么想的？

陈璇卿：我第一个想法是不是搞错了。

王极盛：不相信自己？

陈璇卿：因为我觉得没可能，在攀枝花也从来没有人拿过状元，就算状元在攀枝花，也不一定是我，所以觉得很意外。后来查了分觉得挺高的，就觉得可能是那样的，其实我的强项数学没考好，而其他几科，语文、文综倒考得不错。

王极盛：你成为状元之后学校有什么反应？

陈璇卿：学校反应就是很高兴，我第二天去学校拿分数。其实是那天晚上电话一直响，就有报社、学校打电话来，说从内部消息得知状元在攀枝花，就到处搜寻消息，最后说99%可能是我，我觉得不太可能。后来不停有电话，北大这边有打电话过去，而且还有媒体采访，那天一直到凌晨一点钟才睡觉。白天到学校拿成绩，一进学校刚好放完鞭炮，感觉比较喜庆了，主要是学校里都比较激动。因为以前没有出过省状元，大家感觉很受鼓舞，我听到有一个班在唱一首很励志的歌。我觉得自己能为母校做点贡献还是非常自豪的。

王极盛：你们班同学反应怎么样？

陈璇卿：我的同学好像觉得不是很惊讶，他们说反正你成绩是自己考的，还跟我说奇迹是可以创造的，说我平时全市第一都拿不到，这次竟然考了全省第一。

王极盛：在考场上是什么心态？

陈璇卿：本来我以为很紧张，结果进了考场发现也不是想象中那么紧张，因为考的次数太多了，最后觉得跟一般小测验感觉差不多，没有出现紧张的情况，就把他当一般的考试，做完了就行了。我的考试时间很紧的，我语文考试到了最后5分钟作文还没写完，我就想不要慌乱，因为我知道我还是能按时完成的。文综也是，因为今年题有点难，到了最后几分钟还在答论述题，还是要相信自己，不要慌，能做完的。我也是最后几分钟做完了几道大题。主要就是相信自己，在考场上不要慌。做数学题就比较失败了,那个时候可能太紧张了,本来有几道题挺简单的,要不然就把题看错了,要不然就是少看了一个什么条件,结果反而没做出来,搞得自己很着急,就做后面的,等后面做完最后一个题,又返回来做选择题,浪费了很多时间。

我问过陈璇卿同学,她在高三这一年的成功经验是什么?她认为高三成功的经验就是保持一个良好的心态,她觉得自己成功之处在于交流,多和人沟通。她在高一没有分科时学得比较好,高二分科在文科开始就挺苦闷的,后来就逐渐跟老师沟通、请教,不断地按照老师的意见去改正,成绩逐渐上升,能考到年级前几名。

在高三这一年,她最关心的问题就是考试成绩。在这个时候她经常找老师沟通,按照老师的意见去弥补自己的薄弱环节,同时逐渐心态也调整好了。用她的话来说,经常找老师谈自己的感受,自己考得差的时候跟老师透露一下心中的苦闷,让老师给她一些建议,或者跟家长、同学倾诉一下心中的苦闷。很多同学之所以高三这一年过得很痛苦,就是有压力、有郁闷憋在心里,不释放出来,造成心态不好,考试成绩不满意。

从陈璇卿同学的经验来看,高三这一年,确实要注重心态,善于沟通。其实真正认识到了,真正做到了不是很困难的事情。保持平和心态,高考时才能考得好。陈璇卿同学原来认为高考是很紧张的,到了考场看来不是那种情况,因为她觉得平时考试多了,到高考时就适应了。虽然她到了最后的时候作文还没写完,但是她不慌乱,能够从容应对。这就是平和心态的结果,如果过于紧张,就会越答越着急,甚至答不下去。

陈璇卿同学还有一个特点就是善于学习。虽然她的学习成绩很不错,但是她还善于向同学学习,找出适合自己的学习方法。比如语文的复习比例分开,分几个部分来做,她觉得很有用,因为语文知识比较零散,比较乱,把它们分开来记,这样的效果就比较好。她向别人学习,也不是照搬别人的方法,而是经过消化之后,找出适合自己的学习方法。所以同学们之间相互讨论，互相学习，互相借鉴也是在高三这一年寻找适合自己学习方法的一个重要途径。因为大家复习的问题是共同的，各人从不同角度去复习，各有各的体会，把别人的效果好的学习方法吸收过来充实自己也是非常必要的。

　　陈璇卿同学从来没想到自己会成为高考状元，攀枝花多少年都没有出高考状元了，有人说她是高考状元她还不相信。她平时想只要把自己的水平充分发挥出来就可以了，这就是一种平常心，平常心是最容易使人超常发挥的。

保持一个良好的心态
——访评高考北京市文科状元史小楠

> **状元金句**
>
> 因为高考之前，每个人复习的程度都差不多，所掌握的知识的熟练程度都差不多。所以，最关键的就是在考前和考场上能保持一个很好的心态。

史小楠在高三这一年，大考在年级都是第三名。高考成了状元，她认为主要是她在考前考后能保持一个很好的心态。她的班主任老师在调整学生心态上很有办法。

王极盛：史小楠同学，首先祝贺你考上了北京大学，并且成为北京市文科状元。

史小楠：谢谢。

王极盛：据我所知，四中有好几年没有出状元了，第二名是每年都出。尽管四中、人大附中都很有名气，但没出状元。今年，你为四中的名誉做出了非常重要的贡献。

史小楠：出状元是有很大的偶然性的。对于四中来讲，状元并不是最重要的，你得看在全北京市有哪一所学校在高考之前就有十多个学生能接到保送的录取通知书。所以说，四中不是光靠状元来提高自身的名气。它本身的声誉就是那些保送生，还有竞赛获奖生，都可以来提高它的声誉。

王极盛：状元毕竟为四中增添光彩。如果你仅仅是保送生多，整体的分数高，但是，你没有一个状元，显得失色。有了状元，光彩一些，五光十色。

北大文科全国第一，北大理科全国第一，清华工科全国第一。不少人认为清华理科全国第一。这些年来，北京理科状元都投奔清华去了。

史小楠：对。

王极盛：状元可遇不可求。我研究过好多班级，学生考试的名次，考一次变一次，绝不可能总是第一，太少了。比如这次第十名，下次第二十一名，再下次第四名，总体还是排在前面的。谈谈你自己高三以来在班里的位置，在年级里的位置。

史小楠：高三一直是在年级第三，没有变过。高三所有考试都是年级第三。有位同学年级第一，也没有变过，比较稳定吧。但是这一次这位同学稍微有一点失误，而我这一次又稍微发挥比较好。

王极盛：你们都是有实力排在前列的。每一次考试可能重新排名，但是基本上都在位置当中，不可能掉到第六十名，大体上十名之内。你分析一下，这次成功，主要借助了什么？平时相差不大，这次为什么成了状元？是有偶然因素，但是偶然当中也有必然因素在里面。

史小楠：最主要的我想是心态吧。因为高考之前，每个人复习的程度都差不多，所掌握的知识的熟练程度都差不多。所以，最关键的就是在考前和考场上能保持一个很好的心态。我们的班主任比较好地调整了一下我的心态。主要是在一模前后，到二模这段时间吧，还有考前的这段回家复习的时间，我们班主任对学生都进行专门的、个别的心态调整。所以我们班主任跟同学关系非常好，像朋友一样。他在很大程度上减轻了那种急躁、烦躁情绪，就是说在考前能保证一种很平静的心态去复习。

另外一点就是学校在考前大量做工作，给我们增加信心，能使我们充满自信地走向考场，以缓解一些紧张的情绪，所以我觉得最主要的还是一个好的心态。这是我成功的关键。

王极盛：老师具体怎么帮助你？你有哪些心理不够平稳的地方，他怎么帮助你调整过来的?

史小楠:比如说一模之前,比较急躁。因为那时要复习的东西相当多,时间又非常紧迫,自己不够自信,一急躁就容易学不下去。这时候又是你急于获取知识,总结复习的时候。我通常就是找老师谈话,谈话其实就是把自己的感受找人倾诉,找老师一说,首先就缓解了急躁的情绪。老师比较有经验,能从各个方面来给你提供一些建议,帮助你怎样从这种情绪中解脱出来;其次他可以给你一些鼓励、开导,用这些话来使你的心情平静下来。我就是一模前后、二模前后一直都找老师谈,我是一个找老师谈话比较多的人。

王极盛:也是收获最大的。

史小楠:对,我们那位老师特别好。

王极盛:你继续谈,谁找你们班主任老师谈话,谁得高分。

史小楠:就是寻找一个比较好的调节心态的方式,每个人不一样。但是,我很幸运地就是赶上一位好的班主任,可以说是一个好的朋友吧。

同学之间,好朋友之间也可以有这种调剂的方法。像我们班的气氛很不错,我在文科班,大家都很活跃、很融洽,同学们都处得非常好。所以,在学习的时候,班里有一种团结向上的气氛。当你不想学的时候,看到大家都在学,就会激励你有一种奋进的斗志吧。在平时,如果你烦躁的时候,朋友一起聊聊天啊,说一些笑话之类的,大家很融洽,也可以缓解你紧张的情绪;像听听音乐呀,也可以适当地调节一下。

王极盛:你还有什么调节的方法?

史小楠:也就这些了。

王极盛:高考前一天你是怎么调节的?怎么安排的?

史小楠:其实到了高考前,没有什么特别的感觉,因为那时候,有点麻木了,我根本就没调整作息时间,平时就是晚上11点睡觉。有人说,高考之前应该早一点睡,但是我害怕由于早睡,使我的心情有一些变化,所以我就没有改变作息时间,一直就是11点睡。

王极盛：从4月1日开始，《北京晚报》每周的高考信息，都刊登我写的关于高考的文章。我强调，高考前一天晚上睡觉，不要提前。改变作息时间，反而影响情绪。11点睡也不算晚。你说说你那一天干什么了。

史小楠：从回家复习那一段时间开始，我就定了一个详细的复习计划，我一直就按着这个计划走。所以那天也就是我计划中的一部分，好像是看了一模、二模的那些题吧，再把知识点稍微过了一下，挺正常的，没有什么特别的感觉。

王极盛：那高考第一天呢，从家到考场，心情有什么变化？

史小楠：这也没有什么。

王极盛：你们考场在什么地方？

史小楠：在七中。

王极盛：七中，就是德外口那儿？

史小楠：对，是挺陌生的一个地方，以前没去过，也不知道这个学校。所以到那儿就有一种紧张感，也可以说兴奋感吧。有人说在陌生环境容易发生奇迹，我就是因为这个才考好的。

王极盛：你就发生奇迹了。

史小楠：好多同学也在那儿，大家进考场前一聊天，也就都忘了。老师也去了，尤其是考文综之前，我们历史老师也过去了，给我们一些鼓励吧。他说，他那是幸运之手，跟谁握一下，谁就能考好。我很幸运，跟他握到了手。

王极盛：语文答卷是怎么做的？

史小楠：是那种正常的紧张，也没有什么特别感觉。就是周围的人都是陌生人，我那考场里也没有我认识的人，有一点陌生感，但是一答起题来就什么都忘了，就仔细地做题。

王极盛：总的来讲，你这次高考前和高考中，心态有一定的紧张度，这是必要的。一点不紧张，太松弛了也不行。但是不要过分紧张，要学会一些调节心态的方法。你再谈谈，你们学校重视心理教育吗？

史小楠：当然重视了。因为在我们考试之前，经常开年级会，虽然大家当时时间比较紧张，复习也比较紧张，但是还是要抽出时间来开这个年级会。它主要目的是要使你在多个阶段都保持一个良好的心态。比如说有些阶段，发现有些同学出现浮躁情绪，也会给你加一些压力。如果发现整体气氛比较压抑，大家比较紧张，比较急躁的时候，老师也会把大家召集起来，给你说一些比较乐观的前景。在考试之前主要的工作就是提高信心了，说大家都是四中的，也不用怕谁，希望大胆、自信地走进考场。

王极盛：你平时基本上排在第三名左右，这次一跃为第一，而且是北京市的第一名，出现奇迹，这和班主任老师谈话多有关系，和历史老师握手也有关系。不管怎么说，高考状元可遇不可求，实话实说，再考一遍，也不一定是第一，可能第二、第三。但这次第一了，就是状元，谁破纪录也不是永远破纪录。

点评

在与史小楠同学访谈前,我就听到四中有一个同学讲,四中的文科班中有比史小楠同学成绩更好的,而且是非常稳定的,每次考试都是年级第一名,而史小楠同学并不是每次都是年级第一名。

史小楠同学后来告诉我,她在高二以来,都排在第三名,因此在访谈史小楠同学时,她说自己成为状元,不好接受,因为她们班级有每次考试都比她强的同学。

我从谈话中感受到,史小楠同学是非常谦虚谨慎的,不是故意张扬的人。她实事求是,以平常心来分析这个状元,这也是她良好的心理素质的表现。

正如史小楠同学所说,高考前同学们之间的学习实力相差不大,大家掌握知识的熟练程度也差不多。因此,高考时能否考得好,能否考得很出色,能否成为状元,关键就在于心态了。

我们在这里反复强调,状元是可遇不可求的,每个人也不是为了状元而学习。我们访谈状元,也不是为了状元而状元,而是说状元在这场比赛中是表现最出色的。

当然,状元有他的偶然性,但也有他的必然性,我们就是总结他成功的最主要、最本质的东西,找出他们成功的规律,使大家都能掌握高考的规律,都能按照高考的规律去做,使大家都能考得好,使每一个考生都能考出正常水平,力求超常发挥。

我在这里特别想说的是,状元是从高考中脱颖而出的考生,状元并不神秘,状元就生活在同学之中。

状元也有不足,也存在心态问题,关键是怎样学习调整心态,怎样在高考时像史小楠同学那样，在考前和考场上保持一个良好的心态。

史小楠同学说高三以来，她一直保持一个良好的心态。她也有苦恼，也有考不好的时候，有时甚至不想吃饭，很沮丧。

对学生来说，没有考好是会比较难过的。学生的任务就是学习，学习不好，考得不好，没有把自己的实际水平考出来，当然会很难过。

问题是难过、心情不好时，不要任它持续下去，要很快地把它调整到正常的水平上来。但问题是有的同学，考得不好时，遇到挫折时，心情闷闷不乐，总是憋在心里。如果长时间得不到解决，造成心理问题，就会影响学习成绩，影响学习效率和学习质量。

史小楠同学调整心理状态的方法也没有什么特别的。比如，她考不好时就找老师谈，把自己的心里话都倾诉出来，她就感觉放松了一些。老师帮助她调整心态，对她进行鼓励，给她信心和力量，她就感觉心里好多了。

史小楠同学心情不好时，有时也找同学聊聊天，这就是采取主动态度去调整自己的心态。

我们高三这一年是艰苦的一年，也是充满喜悦和痛苦的一年。当你痛苦的时候，当你考得不好的时候，我建议同学们，你要主动去调整自己的心态，或去找老师谈，或去找同学谈，或者采取一些自我调整的方法，在短时间内把心态调整一下，调整到正常方面来。

在这里，我还要特别说的是，四中的老师不但非常敬业，教学质量很高，而且，他们非常重视对学生的心理教育。

史小楠同学说，他们高三时，老师每周都抽出一定的时间，对他们进行心理教育，根据这个阶段同学们存在的心理问题，采取适当的方法去帮助解决。班主任老师在高考中起的作用很大。

史小楠同学的班主任，就是一位很负责任，很有事业心的，时常帮助学生调整心态的老师。据史小楠同学讲，高考前，班主任老师对她的心态调整起了很大的作用。

我肯定不是神童
——访评高考河北省文科状元张涵冰

> **● 状元金句 ●**
>
> 天才也是很少的,主要就是通过自己努力,而且要善于把握机遇。

张涵冰说她自己其实是一个智力水平一般,连中等都偏不了上的挺普通的一个人,高考的成功是因为:自己的努力,善于把握机遇,心态调整得好。

王极盛:张涵冰同学,请你谈谈高考成功的经验,谈得越详细、越具体、越生动越好。

张涵冰:我的成功,就像妈妈给我总结的一样,离不开四个要点:第一就是自己要有天赋,第二就是要有后天的努力,第三就是家庭环境的熏陶,第四就是学校教育的配合。我觉得这其中最重要的就是后天的努力吧。

我觉得我今天能取得这样的成绩,绝对不是一朝一夕的功夫。在我很小的时候,父母就在我身上种下了一个北大的梦想,所以从小的时候,妈妈对我的家教就特别严格。比如说,刚会认字的时候就让我背古诗等。

特别是小的时候,学起来特别枯燥,我父母就想办法。妈妈那时候就跟我一起来背诗,我背一首她背一首,然后母女两个来竞赛,让爸爸来做裁判,看谁背得又快又多。小时候,妈妈也不是说单纯注重文化知识的教育,而且特别喜欢让我学习钢琴、手风琴、游戏机。妈妈每星期骑着自行车,带着我,背着手风琴去学琴,每星期都去一次,坚持了很多年。

我自己其实也不算一个特别用功的人,但是我是十二年如一日的,就是说,力气用得比较匀,而且还算比较自觉吧。小时候用家长督促,长大了以后,因为自己心里始终有这么一个目标,就学会了用自己的努力来向这个目标迈进。

上小学、初中的时候,我的成绩并不是特别突出。记得小学的时候,我在班里有时考三十多名,上初中时前进一点,在班里也很少得第一吧。那个时候我的大部分精力没有放在课本上,而是放在一些课外的读物上,扩大一些知识面。家长特别重视能力的培养。到了高中以后,就一步一个台阶地,越到高年级的时候,成绩就越好。因为现在"3+X"考试注重的就是能力测验,就觉得跟我平时的训练都是有关系的,所以就得出一个结论,现在考试不能全靠课本,应尽量充实一下自己。

我的母校保定十七中曾经出过两个状元了,挺有独到之处的。至少我们学校学风就特别严谨,校风特别好。我们班里大部分同学是从县里来,他们的生活都特别朴素,比城里孩子都懂事,而且学习特别刻苦。我跟他们在一起,有的时候自己想放松一下,都觉得没有余地。因为看别人都在学习嘛,他们熏陶我也养成了一种很好的学习习惯,而且有了竞争的意识。

我们学校尤其是在临考试的时候,复习挺有方法的。我们年级组长买了很多全国各省市的模拟卷子,北京的、天津的,哪儿的都有。然后就是特别注意给我们练习,别的学校模拟考试也就是一两次,我们学校每星期一次。开始时每个月有一次月考,都是按照高考的标准来做标准卷;监考、判卷,各个方面都是按照高考的流程进行的。到了后期,一星期就有一次考试。一开始也对考试有特别的恐惧,结果就是考了多次以后,最后就没什么感觉了。上高考考场时感觉就跟其他模拟考试一样,而且还觉得高考似乎比模拟题更简单一些。我觉得心态挺好的,一点没觉出紧张来,这些就是学校带给我的成功。

老师重视对我们的心态调节。我们有一位教导主任在这方面好像有绝招，他特别喜欢研究心理学。高考之前，他给我们讲了一堂课。他说，就是快高考了，你把手里的书都停下来吧。如果高考前一个晚上睡不着的话，可以用催眠术让自己睡着；在考试紧张的时候，做什么样的动作可以缓解心理压力。还有每天晚上要对着镜子喊多少遍有关自信的话，考试的时候发挥就会比较好。这些方法我都尝试了，发现这个心理学在考试的时候还真是挺管用的。

王极盛：这些你考试用过吗？

张涵冰：我好像用过，比如说考试头一天晚上睡不着。

王极盛：那天晚上睡不着觉？

张涵冰：就是睡不着觉，然后想起老师怎么教我的，闭目养神，然后盯着一个目标看，然后慢慢地，意念里面数绵羊，最后不知怎么就睡着了，还真是挺灵的。

王极盛：你说说自己的体会。

张涵冰：要说天赋，我肯定不是神童，其实就是一般水平的智力，连中等都偏不了上，挺普通的一个人。记得我上幼儿园的时候，别的孩子算算术都比我快，算加法表按着顺序我妈问我，我可以背出来，但是打乱顺序后，2加3等于几，我就又不知道了。当然后来通过父母启发，自己努力，也就是能达到一般标准，其实也就是一般智力水平。

其实我接触到的状元中，天才也是很少的，主要就是通过自己努力，而且要善于把握机遇，因为高考毕竟是一锤定音的事儿。其实我觉得我们省就有许多水平比我高的，他们模拟考试能比我多几十分，他们可能高考发挥失常而已，所以我觉得把握机会特别重要。总说"人生的关口"，其实不要把它想得那么可怕。我觉得自己高考最成功的地方就是心态调整得好。

王极盛：具体表现在什么地方？

张涵冰：从小家里就给我立下了一个北大的梦，但到临考的时候，我就经常把这个目标放得低一点。因为在河北省考上北大是很不容易的。我就想，哪怕压在分数线上去考古一类的专业也没关系，只要我能进北大，成为北大人就特别自豪。把想法放得低一点，给自己一点信心。

考试之前，有几次模拟考试考得挺差的，一模还可以，到了二模、三模时，就发挥不出自己平常的水平了。我觉得自己的状态也是一个波浪形的，有时就处在低谷。当时成绩下滑得很厉害，我们老师就安慰我说，这是周期性的，你现在最差，到了高考的时候就上升到最佳的那个点了。虽然这是安慰我的话，但是我就把它当成是真的，这样才能给自己信心。我在战胜模拟考试的阴影后，觉得自己的心理防线又坚固了好多。

我原来在考试之前就设想过，假设现在我坐在考场上会想很多很多事情，比如说题不会做怎么办？考坏了以后家长会不会失望？别人会怎么看你？心里一想，觉得真正考试的时候绝对不可以这样。我就先实验了一下，假想了一下考试的场景，结果真正考试的时候，这些问题就避免了尽量不去想它。

卷子发下来以后，开始时还是有点紧张，心跳有点快，我就趴在桌子上休息大概两三分钟，心情平静下来再开始答题。在答过两三个选择题以后，心里感觉比较有谱了，就不怎么紧张了。我当时就想，还有最后这两天，高中这三年所有的苦难就都结束了，然后我心情就特别愉快。

考试之前我就跟朋友们都商量好了，我跟同桌说："考完以后咱们上狼牙山吧！""行，咱们再多叫几个人。"那个时候把具体的出行计划都商量好了，大家都不谈考试的事，然后心里特别轻松。坐在考场的时候，想考完以后出去玩一趟，然后上大学，就不用至少不用像高三这么恐怖了吧！这么想着，感觉挺轻松的。尤其是考最后一门英语的时候，我就想，赶紧做完英语这科就全都结束了。我就跟在家里做英语卷子一样，特别轻松，结果我英语考得特别好。

王极盛：考了多少分？

张涵冰：139分，我平时也就是130分左右，发挥挺超常的。完形填空居然没有出错，平时要错五六个，这真是个奇迹。

王极盛：你觉得你英语考试超常发挥，为什么能超常？

张涵冰：就是因为心态太好了，简直就是有一种敷衍的感觉，快点答完吧，答完以后全结束了，答完回去以后我再也不用看这些书了，所以当时心情特别好，所以就特别放松。

王极盛：那你对这个7月是怎么看的，有人说是黑色7月，有人说是金色7月，你怎么看7月？

张涵冰：我认为是金色7月，无论你考得好与坏，都会有收获，就是不管你的分数高与低，都是你奋斗十二年的一个成果。如果说成果丰厚的话，当然心里欣慰；假如说不是很理想的话，你也应该找一找原因。毕竟考试的偶然性因素比较少，大部分都是必然性的，你就要从这十二年里找一找，你到底哪一环里出了问题，哪一段时间没有努力才造成今天这个结果。分数还是比较公平的，都是收获。只不过有的是丰收，有的收成差一点，所以我就把7月看成是金色的7月。

点评

　　张涵冰同学在跟我的交谈中，反复强调她的智力水平一般，她说自己连中等偏上都够不上。她说河北省模拟考试的成绩比她高出二三十分的人很多，为什么她这次高考却成了文科状元了呢？

　　张涵冰同学的答案是，她这次最成功的地方，最重要的地方，就是自己的心态调整得好。

　　为了高考能考得好，她给自己信心，给自己打气。

　　她并没有把考试的目标定得很高。正因为这点，她就能有信心地进入高考。

　　她在高考前的一模、二模时，没有发挥好自己的水平，但她接受了老师的安慰和暗示，结果她走出了模拟考试没考好的阴影，从而有信心地参加高考。

　　她还会用自我暗示、自我想象的方法来给自己树立信心，消除紧张情绪，而这些方法看来是起作用的，比如她的英语考试。

　　张涵冰同学的心理素质好，不仅表现在她对高考的态度与心态调整方面，而且还表现在她的社会责任感，表现在她对学习、对劳动的态度等方面。

　　张涵冰同学富有社会责任感，富有爱心，她对贫困家庭的孩子表现出了爱心，与贫困孩子经常手拉手，用她自己节约下来的钱帮助贫困孩子上学。她的思想境界比较高，她不只是关注自己学习和生活好，而且想着帮助那些贫困孩子的学习。

　　张涵冰同学对学习的态度是很认真负责的。学习是一分耕耘，一分收获，来不得半点虚假和马虎。诸葛亮的名句"非淡泊无以明志，非宁静无以致远"，成为她的座右铭，所以，她能以冷静、沉着的态度对待学习，以淡泊、宁静的品格对待学习。

这就是对待学习的一种精神、一种态度。有这样的精神和态度，才能学得好。学习不仅仅是为了考试、为了高考，更重要的是掌握知识，培养素质。

张涵冰同学把高考的收获看成是精神的收获，她认为不论是高考考得好、考得差，都会获得收获。考得好，收获多，是一次丰收；考得差，收成差些，也有收获。

我觉得张涵冰同学不仅把眼睛盯在高考的分数上，而且更看到通过高考检验自己、评价自己、展现自己。

张涵冰同学把高考看成是一个起点。有一些同学认为，高考就是高考，考完就完。考得好就欢天喜地，考不好就悲观失望。

张涵冰同学把高考看成是人生的又一个起点。她认为人生的终点不在高考，脚下的路还很长，通过高考对自己十二年的学习生活进行总结，找出差距，是为了使自己今后的路走得更好，更能实现自己的价值。

这也是一种良好的心理素质的表现，站得高，望得远。这就是人生境界，就是一种对事物的态度，就是一种良好的心理素质的体现。

高考是一种选拔方式。由于我国每年高考的考生很多，大约有近半数的考生上不了大学。

那么这些同学怎样对待高考呢？怎样对待自己人生的道路呢？

我想，应该有一个正确的态度，首先要分析一下自己高考失利的原因在什么地方，其中知识的因素在哪里、心理的因素在哪里，要从发展的角度、解决问题的角度，来分析、思考这些问题，找到解决问题的切实可行的方法。从高考失利当中吸取经验教训，发展、培养自己的心理素质，端正自己对学习、对生活的态度。

只要做到这一步，即使这次高考失利了，你也赢得了心理素质的提高，赢得了分析问题能力的提高，赢得了解决问题能力的提高，我想下一步路会越走越宽。在这个意义上来说，失败是成功之母。

但是，有不少高考失利的考生，没有吸取教训，没有悟出人生的真谛，而是怨天尤人，情绪低沉，意志消沉，从而进一步影响了自己对高考、对生活的态度。

人生的道路是不平坦的，在奋斗中会有失误，关键是要战胜自我。只有战胜了自我，才能战胜困难，才能战胜前进道路上的挫折。

数学没考好,她克服了沮丧
——访评高考内蒙古自治区文科状元罗佳媛

> **状元金句**
>
> 我想,平时的学习和平时的实力应该是一种基础;心理调整如果用 100 分来算,它可以占到 55 分到 60 分,就是说心理调节是非常重要的。

罗佳媛高考时数学发挥得不好,心情特别沮丧。她翻阅了我从前采访状元的书,自己进行了心态调节,心情轻松了很多,第二天文综和英语考试都考出了她的最好水平。她的英语考试成绩是内蒙古自治区高考单科第一名。

王极盛:罗佳媛同学,首先祝贺你考上了北京大学,同时也祝贺你成为今年高考内蒙古自治区文科状元。

罗佳媛:谢谢!

王极盛:我们俩挺有缘的,你曾经看过我的书,是吗?

罗佳媛:我看过您的两本书,而且看了很多遍,我觉得里面讲的那些心理调节的方法,对于我来说是非常有效的。我们在高考之前也看到了您发表在《中国青年报》上的很多文章。当时我们的班主任介绍了您的很多心理调节的方法,据说在高考的时候,我们的大部分同学都试验过。

王极盛：你试验过没有？

罗佳媛：我考完数学那天心情不太好，就把您的那本书拿出来又看了一遍，我觉得对我还是很有帮助的。

王极盛：你们学校的老师很重视心理调节，是吧？

罗佳媛：我们学校老师非常重视心理调节，我们班里订了《中国青年报》，老师经常从报上和学校图书室寻找一些关于心理调节的文章来给我们介绍。不过，可能介绍最多的就是您的那些心理调节方法。

王极盛：你认为在高考中，心理状态、心理素质都起什么作用？

罗佳媛：我想，平时的学习和平时的实力应该是一种基础；心理调整如果用100分来算，它可以占到55分到60分，就是说心理调节是非常重要的。考试的时候，只有心理状态好才能发挥得好，这一点我的体会特别深。这次高考考数学的时候，因为天气很热，我又比较紧张，所以数学发挥得不好，考完数学出来以后就特别沮丧，当时我就觉得可能考砸了吧，心情非常差。回到家里后，我都不知道该干什么好，也不太想复习第二天考的科目了。

这时候，我躺在床上忽然看见了书架上您写的书，就拿出来翻看。那本书里讲的是一些高考状元，他们在考试过程中遇到哪门课程考得不太好，心情也是比较沮丧，但他们很快能调整过来。我现在只考了两门，其中数学要差一些，还有两门考试没有进行，也就是说，我还有两次机会。如果把后面两次考试把握好的话，那么我高考还是应该可以成功的。我这样一想，就想通了，心情就很轻松了。然后我就开始复习文科综合和英语。这样，第二天发挥得确实不错，我的文综和英语都考出了历史的最好水平，我的英语还拿了一个自治区单科第一名。

王极盛：学校老师怎么帮助你们培养良好的心理素质？

罗佳媛：当时我们的班主任金明老师就特别重视这一点，上了高三以后，老师跟我们的交流应该说是平等的沟通。利用各种教育的机会，比如说班会，比如说自习课时间，老师经常鼓励我们。老师说平时的学习很重要，但是高考的时候发挥更加重要。而且，他经常从报纸和杂志上找一些文章，比如说您写的那些文章介绍给我们。基本上一个月就讲一次心理调节的重要性。他还到学校的资料室和其他同学订的那些刊物上把好的文章都剪下来，有的时候放大以后贴在黑板上。我们自己也去看这些文章，我觉得对我们的帮助是非常大的。

　　我在北大遇到了罗佳媛同学,她一眼就认出了我,高兴地说:"我终于看到了王老师,我们老师说你在北大,一定会见到王老师。"并连声说,王老师,您的书帮助了我高考的成功。

　　我们促膝交谈后才知道,她看过我写的采访与点评全国高考状元的书。平时她也看到我发表在报纸杂志上的一些关于调整高考心态的文章。所以,我们交谈起来就非常亲切,非常随意。

　　罗佳媛同学告诉我,她高考时数学没有考好,心情很不好,回到家里,躺在床上,什么事也不想干,认为这次高考考砸了。

　　这时,她顺手拿起了我关于采访、点评高考状元的书。之后,她的心情不一样了。

　　她觉得,如果把后两门考试把握好了之后,高考还是会成功的,所以,心情就放松了。结果,第二天高考时充分发挥,甚至超常发挥。

　　她的文科综合、英语都考出历史最好水平,其中英语成绩还获得内蒙古自治区当年高考单科第一名。

　　我在和罗佳媛同学的交谈中,也感到心态的调整在高考中的重要性。

　　我的研究结果表明:20个影响高考成功的因素中,考试中的心理状态是第一位,考前的心理状态占第二位。从这个意义上来讲,高考的成功,关键在于心态的好坏。因为高考时,考生的学习实力已经定下来了,关键是怎样发挥出自己的学习实力,这主要靠心态的调整。

　　我这次与罗佳媛同学交谈,更加深刻地体会到心态的调整,确实在高考中起着关键作用。

　　罗佳媛同学心态好,平时看了很多关于如何调整心态方面的书。当她遇到困难或挫折时，能及时地对自己的心态进行调整。

她在数学没考好的状态下，文科综合、英语仍然考出自己的最高水平，最终成为当年高考内蒙古自治区的文科状元。

我们可以设想，如果她的数学考得不理想之后，心情一直不好，她的文科综合和英语也很难考得好。那样，她就不可能成为当年全国高考内蒙古自治区文科状元了。

罗佳媛同学是属于心理素质好的考生，她在前面考试的科目没考好后，能很好地调整心态，迎接后几门的考试。

但据我的调查，有不少同学，有一门没考好，心情不好，情绪不高，充满焦虑、忧愁，甚至失去了信心。后面的综合考试和英语考试，由于受到不良情绪的影响，发挥不好，结果严重影响了高考的分数。

每年高考，我都站在考场外面观察和调查考生的心态。

在离大门还有五六十米的时候，我就看到考生的情绪不高，脸上没有表情，有的考生甚至低着头走，一点笑容也没有。

有的考生出考场后，见到接他的亲人时，第一句话就说："谁出这样难的题，真缺德！"听很多考生说，题没答完，没有想到是这样难的题；还有些考生说，真不知道从哪儿做起，从哪儿着手答题。

整个考场外面，整个中国人民大学附中门口，笼罩着压抑、低沉、苦闷的气氛。

我也听到个别考生在数学考完之后说："完了，这次算考砸了，等着复读吧！"

之后，我追踪了两名考生，他们就是由于数学没有考好，心情不好，觉得这次高考砸在数学考试上了，心态一直没有调整好。结果，综合和英语也考得不满意，没有考出自己的平时水平。

这就是心态在高考中的作用。心态在高考中发挥的作用，就是心态对整个高考成功的作用。

这里，我再次向广大考生呼吁，高考考试，如果前面有一门或两门没有考好,这也是常有的事情。只要你调整心态,把后面几门考好,你也会成功的。

心理素质的培养有一个过程,我觉得罗佳媛同学的老师,对心理培养非常重视。

他们结合学生的实际,特别是结合学生的考试实际,有针对性地、具体地对学生进行心理素质的教育。他们不仅经常采集一些关于调整心态的文章,而且还对学生进行定期的心理素质教育,特别是高考的心态调整教育。

我觉得,他们的做法是成功的,他们的做法就是给孩子心理减压,给孩子高考加分。他们不仅仅把眼睛盯在功课复习上、题海战术上,而是既看到学习实力的重要,又看到心理调节的重要。这样,他们双管齐下,对提高孩子的科学文化知识和心理素质,对提高孩子的高考成绩,都发挥了重要作用。

高三前两次月考都没考好
——访评高考辽宁省文科状元朴英

> ● 状元金句 ●
>
> 对于高考的心理状态,最重要就是用一种平常心去对待,对它要有足够的重视,但也要有几分的藐视。

朴英上高三的时候,第一次月考、第二次月考都没考好,意志挺消沉,经过老师、同学的帮助,她振作精神,建立起信心。

王极盛:你是朴英同学吧?

朴英:我叫朴英。

王极盛:首先祝贺你考上了北京大学,同时祝贺你成为今年高考辽宁省文科状元。我也是辽宁人,我家在辽宁丹东,我1957年考上北大,1962年毕业。在这个意义上,咱们俩既是校友,又是老乡。请你谈谈你高考成功的原因,想谈什么谈什么。

朴英:高考成功吗?

王极盛:你不仅成为高考状元,还考上北大,相当成功了。为什么?

朴英:考北大是我既定的目标吧,应该说是以前想过的。至于辽宁省的状元嘛,以前是做梦也没想过的。

王极盛:你再继续谈。

朴英:除了自身的努力之外,最重要的就是老师和同学了。我们班主任对我特别照顾，特别关心。我们班当时一共48个人，都在一个大的教室里上课，当时环境很吵，周围还有施工。他把自己的办公室腾给我，让我在那儿学习，所以说是非常支持我。像其他科任老师，每次月考之后有一个试卷评析会议，都是让我去参加，跟我直接地、面对面地交流，有什么不足，有什么长处，以后要注意的地方，都当面给我说出来，这对我帮助很大。

同学们每天在一起，应该说是优势互补，互相交流，有什么心事啊，有一些不好意思跟老师、父母说的话，都跟同学说一说，感觉很好。

王极盛：能举个例子吗？

朴英：记得我上高三的时候，第一次月考，才考580多分。我心想，离北大的目标也太远了吧。第一次不行，没有气馁，继续努力了，而在第二次月考时就考了592分，感觉也不太行，就觉得我考北大的目标离现实有些远了。当时意志挺消沉的，于是就找了几个同学去聊，说说心事。虽然他们说这只是刚开始，有一个适应、缓冲的过程，但是我心里还是觉得不平衡，没解决问题。之后又去找老师谈，老师都懂一点心理学，给了我一些指导。班主任还找其他的科任老师给我做工作，比较哪门课比较薄弱的地方，老师就时不时地关心我，有什么好的学习方法、什么好的复习资料都先让给我看，就这样慢慢地建立起了信心。

王极盛：再谈一下，你在平时学习中遇到困难是怎么克服的？我们在学习过程中肯定会遇到困难，会受到一些挫折，比如考不好，心情烦闷，是怎么应对的，怎么解决的？一般来讲，你都采取什么方法解决的？

朴英：一般来讲，心理上的问题就是找老师和同学来交流，说说心事，心情会好一些。再不行，有时会听听音乐，什么也不去想，一切都抛到一边去，跟着音律一直走下去。

王极盛：你讲讲高考时的心态的重要性吧，高考时，心理状态在高考中所起的重要作用。

朴英：我认为，我的心理素质还是比较好的。

王极盛：表现在哪些方面？

朴英：在遇到一些大的环境，需要自己处理一些事情时，我还是比较沉着冷静的，不是那么慌。心理素质也是需要锻炼的。在高一、高二时，我既是班里的干部，又是学生会的干部，学校活动、社会活动很繁重，很多时候要在公众场合去表现自己，还有一些演讲比赛。我当时就想，先上去再说吧。即使我不行，别人还不敢干呢！这样一年、两年，最终一次比一次好，我就锻炼出来了。

对于高考的心理状态，最重要就是用一种平常心去对待，对它要有足够的重视，但也要有几分的藐视。记得当时我进考场的时候，觉得很严肃，不知道是一种什么感觉。进了考场之后，有那么多同学，有认识的、不认识的，有一种紧张感。试卷发下来以后，心跳有些加快。但是一看试卷，几乎都是平时做过的题，心里就平静下来了。平静下来之后，其他也就没什么了，心态摆正了，高考时间很快就过去了。

王极盛：你觉得高考和平时的考试，有很大区别吗？就是平时考试你怎么感觉？原来对高考有什么想法？经过高考之后，又对高考有什么看法？

朴英：平时考试和高考的区别，也没有什么太大的感受。当时只记得老师跟我们说过，平时考试的时候，把它都当成是高考；而在高考的时候，就把它当成平时的考试。

王极盛：以平常心对待高考，你对老师这句话有什么感受？

朴英：自从老师说过这句话后，我就挺喜欢的。几乎遇到每一个学弟学妹问我一些高三学习生活的，心理上或学习方法上的问题的时候，每当问到这种心态问题的时候，我都会跟他们讲这句话的。我非常喜欢这句话。

朴英同学是我的老乡，也是我的校友，不过我比她早了45年进北大。不管怎样，毕竟是校友，说起来就亲切一些。

我在与朴英同学的交谈中，发现她很诚恳。她说，在高三时，她第一次月考考了580多分，虽然觉得有心理负担，但是不太大。第二次月考，考了592分，心里就觉得问题大了。

第一次没考好，第二次还没考好，这样来讲，自己报考北京大学的愿望可能就会落空，意志就消沉了。

后来，在老师和同学的帮助下，她逐渐建立了信心，振作起精神，这样，学习成绩逐渐好了起来。最终，她不但考取了北京大学，而且成了当年的辽宁省文科状元。

进入高三之后，不少同学的心态发生了很大的变化。特别是在第一次、第二次月考之后，由于成绩上的变化，也相应产生了心态上的变化。这本是正常现象，关键是如何对待第一次、第二次月考不理想的情况，怎样及时调整自己的心态。

我经过对高考的多年研究发现，进入到高三之后，好多同学的学习成绩与高一、高二时比，发生了较大的变化。关键在于怎样对待它，怎样找出相应的措施，怎样调整心态，从而振作精神，继续奋斗。

有的同学进入高三之后，第一次、第二次月考都考得不好，因此情绪消沉，既不去找老师谈，也不和同学交流，由此，成绩逐步滑坡下去，或者是追不上去。

今年参加高考的一位考生，他的学习成绩在高一、高二时很好，在他的学校年级排名基本上都是在50名左右。他们学校高三学生的人数是

600人。

进入高三之后，第一次月考，他排在第99名，第二次月考排在第104名；后来，在高三下学期的考试基本上也是这样的成绩，始终没有上去。但是，按道理讲，他是能上去的。可是他没有很好地向老师请教，总是把心事都闷在自己肚子里。

他的主要问题是进入高三之后数学跟不上去，自己虽然心里很痛苦，但是没有很好地向老师请教，也不和同学交流，而是一个人埋头去拼搏。但由于方法不得当，总拼不上去，结果信心受到极大的挫折。就这样，一直持续到高三下学期，他的数学成绩始终没有上去。

后来，这位同学在高考后对我讲，如果高三第一次月考后就及时地找老师请教，及时和同学交流，把数学没学好的关键问题找出来，然后再采取措施去解决的话，他的数学成绩就会上去了，他的精神面貌就会不一样。高三这一年，他始终背着数学成绩上不去的包袱，学习起来劲头不足，心里总惦记着数学怎么办：将来高考，数学肯定要砸锅。就这样过了高三这一年。现在想起来，太后悔了。其实，我觉得解决这个问题并不难，找老师、找同学就可以解决。

据我了解，像刚才这位同学所说的，进入高三之后感觉对某门功课学习吃力，成绩上不去的情况还不少。这位同学，最关键的就是针对问题，解决问题，不要让学习上的困难长时间地持续下去。其实，学习的困难没有解决，心理的负担也放不下，这对于高三的学生来讲，确实在心理上是一个很大的打击。

我建议进入高三之后，在学习上有困难的同学，要及时地找老师谈。一方面，老师会帮助你解决学习上的困难；另一方面，老师也会帮助你调整心态。这样，经过一段时间之后，你就会振作起来，逐渐建立信心。

据我的研究，还有一些同学，原来在高一、高二时学习并不是太突出，考试成绩也不是最优秀的，一般是中等水平，或者是中等偏上。进入高三之后，第一次月考考得很好，基本上进入第一档次，后来越学越好，越考越好。在一模、二模与高考考试中都进入到班级前五名之内。

这些同学，为什么在进入高三以后，学习成绩有了一个飞跃呢？据我的研究，他们进入高三之后，振作精神，充满信心，他们相信自己的力量，相信自己会越学越好。其中有些同学，在高一、高二时没有全力以赴，到了高三后，他知道这一年的重要性和艰苦性了，因此发奋图强，把自己的潜力都挖掘了出来，学习上了一个台阶。

还有一些同学，经过高一、高二的学习，心理逐渐成熟了，到高三时就能保持一定的紧张度，并不全是题海战术、挑灯夜战，对考试也能以平常心去对待，这样考试考得好，成绩也逐渐上去了。

对于进入高三的同学来讲，自己要重视总结经验，调整心态，使自己的学习成绩逐步有所提高。

对于老师来讲，特别要重视高三开学不久后同学的心态变化，并根据同学心态变化的具体情况，有的放矢地做好每一个同学的心理教育，这对他们高三的学习进步和高考的成功都有着极其重要的意义。

我整天过得非常愉快
——访评高考黑龙江省文科状元郑莲

> **状元金句**
>
> 心态很重要。特别是高三的学习,生活、精神上压力特别大,如果能平和地对待学习,你就会有更大收获。

郑莲说她能考出这么好的高考成绩,最重要的是心态特别好。考试对她没有带来任何压力,她整天过得非常愉快,学习效率也很高。在高考考场上心理特别好,考试的三天就没紧张过。

王极盛:请介绍一下自己。

郑莲:我叫郑莲,来自黑龙江省,今年高考考了668分,是黑龙江省的文科状元。

王极盛:你这次成为状元的原因是什么?

郑莲:能考这么好的成绩,最重要的是我心态特别好。考试对我没有带来任何压力,这方面我特别好。另外,我还特别注重学习方法,我不像别人那样熬夜,很辛苦地学,我能把自己的时间利用得非常充分,用我独到的方法去学。

我整天过得非常愉快,那样学习效率会很高。我在考场上心态特别好,那三天我从来没有紧张过。

王极盛:说得细致一点,你考前都是怎么做的?

郑莲：我们老师特别强调这一点，考前的那几天不让我们复习太多，特别不让我们接触那些以前没有复习到的部分。我觉得这很有道理，我就是那么做的。到了临考试的时候，没有人可以完整地把所有东西都搞好，所以这时候不要去想那些你没复习到的东西，那样的话只会给自己带来一种压力。我就是尽量地回顾那些很熟悉的东西，更多的时候就是休息，把自己的心态调节好。

我们学校平时学习时间非常紧，高中安排的晚自习到10点，但是考试前一周晚自习调整到6点半，这样我们晚上自由时间特别多，休息特别充分。

另外，老师不给我们排名次来造成那种压力，而且名次对我也从来没有造成什么压力。我父母教育我，一个学期过后只要你把这部分的内容学好了就行了，考试成绩排第几他们从来没有问过我，所以这方面对我没有任何压力。这样学习会非常愉快。

王极盛：高考前一天，你做什么了？

郑莲：高考前一天整个下午都在看电视。学校有一个动员大会，然后很早就休息了。

王极盛：当天晚上休息好了吗？

郑莲：我休息得很好。

王极盛：高考第一天上考场时是什么心态？

郑莲：我们的考场以前有过很多重要的考试，我对考场环境非常熟悉，所以心态非常平和。不过考英语听力的时候感到了一点儿紧张，但之后一做起题来就投入进去了，完全是平常那种解题的感觉。

王极盛：你觉得高考成绩和平时的成绩相符吗？

郑莲：相符，虽然总分差距较大，但是同其他同学的对比来说是很正常的，因为我们平时大考的难度要比这次高考大很多，学校大考、联考难度都非常大。

我们全省第二名比我少1分，是我们班同学。以前六次大考我们俩每次都只差一两分，跟下面的第三名差四五十分，这次高考就是这样，所以我觉得这很正常。

　　王极盛：那你们俩实力是相仿的。

　　郑莲：对，实力相仿，而且历次考试我们都能把别人落得很远。这样对我信心方面有很大的鼓舞，我信心非常足。

　　王极盛：高考和平时考试差一两分不算什么，只能说是实力相仿，不是他第一就是你第一，说明你们是一样的；把第三名落得远，说明你们的实力强。信心充足对考试有什么帮助？

　　郑莲：我在高中数学方面以前是解析几何比较差，因为高二时候没学好，所以有一次大考，做六道大题时第三道是解析几何题，我把那道题绕过去了，先做后面的题，结果做完之后我把前面那道题给忘掉了，丢了12分。但是下课之后我一做，不到5分钟就得了满分，就是因为缺乏信心才丢了那12分。当你有信心时头脑会很清晰，不会有慌乱那种感觉。

　　王极盛：那就是说心态还是很重要的。

　　郑莲：对，心态很重要。特别是高三的学习，生活、精神上压力特别大，如果能平和地对待学习，你就会有更大收获。

　　王极盛：你是以这种心态来对待高考吗？

　　郑莲：对，是非常平和的一种心态。同时我父母从来不问我成绩，从来不给我施加一点压力。甚至有一次我母亲对我说，你不要太累，考不上没关系，咱们明年再考，就是这样不给我一点压力。

　　王极盛：高考前父母跟你说什么了？

　　郑莲：都没有，父母都不在我身边。

　　王极盛：你是住校吗？

　　郑莲：我是住校六年。在考试那一天，我父亲送我到考场门口，中午跟我一起吃饭，下午再送我。不过只是这样，什么话都不说，甚至都不问我考得怎么样。

　　我觉得这样很好，如果考得不好的时候，很多人来问这问那会感到增加压力的。

郑莲同学在当年全国高考中，以 668 分的高考成绩成为黑龙江省的文科状元，考取了北京大学。我问她考出这样好成绩的原因是什么，她回答得很干脆，最重要的因素是心态特别好，考试没有给她带来任何压力。她在高考的三天中没有紧张过，在考场上的心态始终非常好，这就很不容易了。

为什么郑莲同学能以这样好的心态来对待高考呢？我想原因是多方面的。首先郑莲同学的心理素质好，平时的心态就好，她平时对学习充满信心，对考试也充满信心。

她确实有实力，在学校里的六次大考中她与另外一个同学分别获得三次第一，而且他们比第三名的分数一般能高出四五十分。这样的成绩就会鼓励她对自己的实力有信心，对高考也会充满信心。郑莲同学的信心是建立在自己的实力基础上的。

郑莲同学有这样好的素质是与她会学习、善于学习有关系的。她会利用时间，把时间安排得非常周到，用自己独特的方法去学习，因此学习效率很高。可以想象一个人会利用时间，把功课学得非常好、效率非常高，和一个人不会利用时间，整天不休息地学习，心态是完全不一样的。前者会感觉相对比较愉快、轻松，后者会感觉紧张、难熬。

郑莲同学心态好还与她平时跟同学关系相处很好有关系。郑莲同学是一个很会自我剖析的人，她认为自己在上高中以后学会了体谅别人、欣赏别人、帮助别人，在欣赏别人的时候看到别人的长处，向别人学习。她感觉帮助别人是一种幸福。

这里有一个她帮助同学的例子。班里有一个同学和她的关系非常好，但那个同学家境很困难。她的家庭也相当困难，学校发给她 120 元奖学金，她能拿出 100 元塞给那个同学。她这样做并不是一两次，只要她看到其他同学有困难，能帮上忙的就一定帮忙。她把助人为乐当成一种幸福，这就是一种良好的心理素质。

从学校方面来说，老师对她非常关心，因为她家庭经济困难，老师的关怀对她的精神上是一种支持、一种鼓励。老师不给她们施加压力，这与她们能以平和的心态去迎战高考是有密切关系的。有些老师恨铁不成钢，其心情是可以理解的，但是常常操之过急，希望学生一定要考上名牌大学，可往往事与愿违。

郑莲同学高考时心态特别好，没有感觉到考试给自己带来的任何压力。这与她的家庭教育也有密切关系，她的父母从来不问她考试的名次，只要她学好了，把该学的东西学到了就可以了。甚至高考前她妈妈对她讲，考不好也没有关系，考不好可以复读；不像有的家长讲，你一定要给我考好，你一定要考上大学。家长们两种不同的对待孩子考试的态度，会给孩子带来不同的心理反应。

如果说她高考的成功表现在高考分数上，那么她的人生观、幸福观则表现在她用爱心去对待别人。她对别人的关爱是不索取任何回报的。正如她所说的，她一个很要好的同学由于初中时的学习基础太差，这次高考没考好，准备复读，但她冒着被误会的可能还是说服她去民办学校学习。这就是出于对别人的真心关怀，出于对别人前途的珍视才能说出自己认为对对方有益的建议。她没有私心杂念，对同学、朋友一片真情。

郑莲同学的家庭经济条件很困难，她是作为特困生来到北大学习的。但在我和她的交谈中，她充满着乐观，充满着希望，这也是一种对人生、对困难的良好心态。

有些同学因为家庭困难而一筹莫展，压力非常大。我们第一是非常同情这些家庭经济困难的考生；第二也希望家庭经济困难的考生采取各种方法解决困难；第三希望家庭经济困难的考生能面对现实，以良好的心态去继续解决自己的困难，在解决困难中提高自己的心理素质，提高自己解决困难的能力。

从来没有想过要考多少名
——访评高考福建省文科状元邱石

> **状元金句**
>
> 真正到了最后就看个人心态的调整了,也看你水平的发挥了。

她从小到大,对每次考试分数都不看得很重,她从来没有想过要考多少名,要考多少分。

王极盛: 邱石同学,首先祝贺你考上北京大学,同时也成为福建省文科状元。你谈一下高考考完之后有什么感想。

邱石: 考完后感觉还好,感到考得还行,认为北大应该能上,但是没想过会成为状元,到后来知道成绩以后也没想过会成为状元。

王极盛: 状元可遇不可求。

邱石: 人们说状元是碰出来的,不是考出来的。

王极盛: 是考出来的,你得有那个水平,但至于是谁,就和你功课掌握的程度,心态调整情况都有关系了。你能考这么好,主要是什么因素?

邱石: 心态吧!

王极盛: 你讲一讲,心态怎样发挥了作用?

邱石: 我平常在年级里不是每次都考年级第一,尖到一定地步的人。

王极盛: 你的一模、二模在年级里排第几名?

邱石：一般是年级前三名吧。

王极盛：年级有多少人？

邱石：我们文科班有 160 人左右。

王极盛：你觉得心态调整主要表现在什么地方？

邱石：我从小到大对每次考试分数都不是看得很重。有的人念书他会想要考第一，有想考满分的那种欲望，我却从来没有，只要是考出来的成绩差不多符合我的水平就够了。我从来没想过我要考多少名，我要考多少分，也从来没有过这种念头。

王极盛：越是没有这种念头反而越考得好，有这种念头可能压力会更大一些。

邱石：这种心态会比较好。

王极盛：你觉得高考前心理状态怎么样？

邱石：还不错，我高考前几天尽量做到跟平常一样，没有特意去改变作息时间。有的老师强调在离高考多少天之前就要开始调整睡眠，调整大脑的兴奋时间段，使它和考试那段时间同步。我当时没有刻意去做，就是顺其自然，跟平常的作息时间都差不多，也没有特意做些其他的。

王极盛：到考场的时候怎么样？

邱石：到考场就觉得很平常了，也没有什么特别的感觉。这之前也去看过考场，进去以后发考卷的时候很紧张，但是卷子发下来以后，做了两三道题时就没有是在高考的那种概念了，感觉就和平常考试一样了。

王极盛：你觉得在高考当中，心理状态起什么样的作用？

邱石：我觉得心理状态非常重要。坦白地说，在学校里知识水平和我差不多的同学很多，绝不是只有我一个人。在我们年级里，前四五名的同学水平都差不多。真正到了最后就看个人心态的调整了，也看你水平的发挥了。

王极盛：你们那里前四五名的同学有没有考砸了的？

邱石：有，我们那边录取名额没有北京多，北大在福建全省文科只招收 25 人，后来扩招了也只收 30 人。我们学校算是比较好的，文科一共考上了 5 人，这几乎是占了全省六分之一的名额了。

王极盛：你们是重点中学吗？

邱石：对，我们是省重点。

王极盛：你们同学中有没有因为心态及其他方面原因没有考出自己的水平来？

邱石：当然有，有的同学平常成绩很好，都是在年级前十名，到了最后可能因为发挥不太正常，没学上的也有。还有的原来在年级十几名之后的提上来的也很多。

点评

邱石同学高考的成功,再次证明了良好的心态在高考中的作用及心理素质在高考中的重要作用。

邱石同学心态的一个重要特点是以平常心来对待考试。她从来不把考试当成是一种心理压力,一种心理负担。因此她就能以平常心来对待考试,以平常心来对待高考,就能发挥得好。

有些同学则是过于看重考试结果,因此在考前想得很多,增加了心理压力,也增加了心理负担,分散了精力,甚至造成考前睡不好,吃不好,结果是最后考试发挥不好。

特别是到了高三,考试的次数增多,有些同学,每次考试心理压力都很大,对考试结果斤斤计较,患得患失,遇到考试不理想,心情几天不好,情绪苦闷,感觉很压抑,悲观失望,甚至于对前途失去了信心。

有一位平时成绩很好的考生,在一模考试时没有考出水平来,回家就哭,连续哭了六个小时,哭累了睡觉,睡醒了第二天起来还是哭,后来一听说考试二字就心惊胆战,眼泪直往下流。

这样的心态挫伤了考生的信心,浪费了不少时间,影响了学习效率。

我举这样一个例子,绝不仅仅是一个人的情况,在高三学生中是时有出现的。

在高三这一年的大考小考中,能完全考得很好,全都考出自己的水平,这样的人不是太多。

有的考生最后在高考中成了状元,有的考生考上了北大、清华,我从对这些考生的研究中了解到,并不是每个人在高考前的历次考试中都一帆风顺,名列前茅的。

其中有不少人不是一模没考好，就是二模没考好，但他们对自己充满信心，对自己有个正确的估价，把考不好作为成功之母，从中找出原因，以利再战，这样在高考时就不会再错了。

邱石同学高考成功的主要特点是心态好，她平时就有一个良好的心态。

她对考试结果看得很平常，从来不想自己要考多少名，要考多少分。而是只要考试的成绩与自己平时的成绩相符，她就心满意足了。这种平和的心态，使她在考试中能正常发挥出来。

正如邱石同学所说的，有些考生在年级排名前十名之内，可到了最后发挥不正常，没有考上他本来可以考上的大学，还有些考生原来排在年级十几名，却在高考中冲上去了，为什么？

最主要、最关键的是心态问题。那些平时成绩排在前十名之内的同学，有的在高考前因为心理压力过大，心态不好，因此高考发挥得不正常，没有达到平时的水平。而那些年级排名在十名之后的考生，由于心态平和，压力不大，高考时发挥得好，自然成绩就上去了。

考前情绪低落时怎么办
——访评高考江西省文科状元刘黎君

> **● 状元金句 ●**
>
> 那个时候比较强迫自己去努力，到了后来状态就变得更好了，在五六月的时候成绩是有很大的飞跃的。

刘黎君在高考那年的四五月份，复习已经进入比较关键的时候，觉得自己越来越懒散，心里很烦，情绪低落。后来她调整了心态，成绩有很大的飞跃。

王极盛： 刘黎君同学，首先祝贺你考取了北京大学，并且成为江西省文科状元。

刘黎君： 谢谢。

王极盛： 你得知成为高考状元是什么时候？当时是什么心情？

刘黎君： 那个时候心里很复杂。我开始认为是同学开我的玩笑，因为我认为我高考前的准备不是特别的充分，我想进北大可能不会有太大的问题，但是状元我还是离得远了一点。当时我是很激动的，那天我刚旅游回来，又累又晕车，激动得抱着我妈哭了。

王极盛： 你认为自己考上北大问题不大，想过自己成为状元没有？

刘黎君： 想过，但觉得不太现实。

王极盛： 你觉得状元离自己远吗？

刘黎君：市状元不远，但是省状元还是远的。

王极盛：难度在哪儿？

刘黎君：我不是一个特别努力的人。高三时唯一的一次心情低落，很垂头丧气的那段时间，就是看到自己那么懒散，觉得很烦。实际上就是自己不够努力。

王极盛：你哪段时间比较垂头丧气？

刘黎君：是四五月份的时候，那个时候复习已经进入了关键的时候，虽然自己的成绩还可以，可是觉得自己越来越懒，可能是因为复习得太多有一点厌倦。

王极盛：那段时间你怎么度过来的？

刘黎君：大家的鼓励，还有自己一直有一个信念，我不想输。那时候也降低过自己的目标，但降低了目标我觉得自己很没有力气，我觉得还是瞄准北大去努力。那个时候比较强迫自己去努力，到了后来状态就变得更好了，在五六月的时候成绩是有很大的飞跃的。

王极盛：飞跃表现在什么方面？

刘黎君：像知识体系变得很清晰，考试中的失误相对减少，考分也上了很多。

王极盛：你成为状元后有什么感想？

刘黎君：我想，成为状元也是运气，但是也是自己平常的努力得到了回报。应该说成为状元是心态的成功，刚好超常发挥了。其实高三这段时间我一直特别紧张，那段时间一直睡得不是太好。到了8月份知道自己分数以后，我觉得自己的睡眠状况有了很大的改善。可见以前是有一定的担心，每次考试前都会觉得准备不足，这是很正常的。但是要调整好自己的心态，我考试那天是由于紧张身体出现了不舒服，但是在考场上这些情况全都被忘记了。我觉得这倒是一种考试前很好的状态，有些同学就是栽到这上面。比如说不够自信，还有平常的学习方法不够到位。

点评

  人们都很敬佩状元，有些人认为状元是高不可攀的，状元是很完美的，甚至把状元看成是天生的，其实这些都是误解。

  我们研究状元不是让每个人都成为状元，状元可遇不可求。我们是在总结状元的经验，吸取状元的教训，使每一个同学都能高考成功。

  我从1999年开始对状元进行访谈与点评，至今已访谈了300多名省级全国高考状元。我觉得我了解他们，我从与他们的交谈中逐步地走近并了解了他们。他们是学生，是普通的考生，他们是在高考中涌现出来的成绩最优秀的人。他们的成功有必然性，平时学习方法正确，注重学习效率，学习基础打得好，心态好，发挥好。他们的成功也有偶然性，凡是具有成为状元必然性的同学都可能成为状元，但是，每年只能在省里出一个理科状元和一个文科状元，那谁能成为状元就在于那些有利因素的配合。特别是高考时心态好，正常发挥或超常发挥，更是起着重要作用。这就是说状元的成功既有必然性也有偶然性，很多考生都有可能成为状元。从这个意义来看，状元就不神秘了。

  状元既有成功的喜悦，也有失败的苦恼，状元的情绪也是变化的，他们成绩考得好的时候非常开心，考得差的时候情绪低落，甚至垂头丧气。

  刘黎君同学就是这样。在高考那年的四五月份，在复习的关键时刻，她觉得心里很烦，越来越懒散，情绪很低落，垂头丧气。后来她调整了心态，她有个信念，就是不能服输。信心是高考成功的灵魂，是高考成功的精神支柱。正因为有这样的信心，她才能激励自己为考上北大而努力奋斗。她甚至在那个时候强迫自己努力学习，后来她的心态就发生了很大的变化。由于心态变好了，6月份她的成绩上了一个台阶，考试的分数上去了。

据我的研究，在高三，特别是高三下学期的几次重大考试中，很少有人每次都能考得很如意，每次都能考出自己的实际水平。很多人是波动的，一模考得好，二模没考好，或者一模没考好，二模考得好。那些心态好的同学，当重要考试没考好之后，他绝不灰心丧气，他可能情绪低落，也有苦闷，但他会调整心态，找出自己的弱点，继续前进。

有一个考生告诉我，他在高三下学期的几次重要考试中都没考好。考不好当然是坏事，但要学会变成好事，学会把不会的地方彻底搞清楚，把没考好的地方彻底弄明白，那么在高考时就会考得好。他提出所谓错误守衡论：高考那些题目中你早发现问题，改正过来，高考时就会做了；如果在平时的重要考试中没有发现自己的错误，而在高考时遇到类似的题，不会做那就亏了。

同学们在高三这一年的努力一定会有收获的，尽管每个人的收获不完全相同，但是一般说来，有付出就有回报，一分耕耘，一分收获。不能因为某次考试没考好就动摇自己的信心，不相信自己的努力会有回报，那样就会对高考缺乏信心。

据我的调查研究，对高考信心不足的人较多。我的研究表明，对高考信心不足者占77.1%，其中轻度信心不足者占44.3%，中度信心不足者占24.3%，信心不足偏重者占6.4%，信心不足严重者占2.1%。

高考时信心不足必然会造成心态紧张，在一定条件下会影响发挥，影响高考分数。状元在考试前的模拟考试中也有挫折和不如意的时候，也有情绪波动的时候，但他们很重要的一个特点就是能面对现实，调整心态，相信自己，相信自己的实力，相信自己能考好，相信自己能考出自己的水平。正因为他们具有这种心态，所以高考时，考出了水平，甚至是超常发挥。

通过考试发现问题是好事
——访评高考山东省文科状元李洋

> **● 状元金句 ●**
>
> 我现在出现错误，出现问题应该是个好事情，人本身就是有弱点的，现在通过考试能够发现问题，这本身就是一件好事。如果在高考这样重大的考试中再出现这些问题，那就后悔莫及了。

李洋说："人本身就是有弱点的，现在通过考试能够发现问题，这本身就是一件好事。如果在高考这样重大的考试中才出现这些问题，那就后悔莫及了。所以我一出现问题就尽量去补救。我从这个角度去看问题就没有过多的失落感，就可以以一个向上的心态去学习。"

王极盛：李洋同学，首先祝贺你考取了北京大学，并成为山东省文科状元。到北大以后有什么感想？

李洋：当时比较匆忙，后来到未名湖、博雅塔那边一看，第一个印象感觉是挺美的。后来的接触使我感觉北大的学生是步履轻松吧，跟我以前想的不一样，以前我觉得应该是步履匆匆，但是看他们都是非常轻松的，就是心态比较好。

王极盛：到北大以后，现在自己的心态怎么样？

李洋：现在还是比较平和吧。应该说是，状元已成为过去了，现在是一个新的起点，我还得好好学习，在社会实践上也应该扩展一下。

王极盛：今天晚上英语要分级考试对吧？

李洋：对。

王极盛：每年我都遇到一些同学向我说，王老师，你给呼吁一下：我们这个暑假过得太放松了，两个月的时间什么书也没看，到了要英语考试的时候，感觉听力也不行了，手也生了，单词也忘了，脑子也不好使了。你现在有什么感觉？

李洋：我有同感吧。

王极盛：你这两个月都做什么了？

李洋：考完试以后没什么事，还是看了一点书的，后来成绩一出来就有许多活动要我参加。

王极盛：都参加什么活动了？

李洋：我到湖南参加了一个全国优秀学生的伟人故里行，去湖南湘潭毛主席、彭老总的故乡参观了一下。还到济南、青岛参加了高考研讨会，交流了一下学习的方法。

王极盛：你再谈谈高考成功的因素是什么？怎么成为高考状元的？

李洋：我觉得应该有两个方面，第一个方面就是平时学习我比较重视基础，所以我每次考试的成绩都是比较稳定的，在高考时也没有出现太大的波动。

另一方面，就是我高考时心态调整得比较好，考试的时候没有太大的压力，很快就能进入考试状态，这样答起题来发挥比较正常。

王极盛：你发挥得正常还是超常？

李洋：正常吧。

王极盛：那平时考试在年级里排多少名？

李洋：高中一直就是第一。

王极盛：你是日照地区吧？

李洋：我是日照五莲县的。

王极盛：你在县里学校的年级总是第一，你们市里有没有统一考过试？

李洋：市里一模、二模，我也是全市第一。

王极盛：那你报北大能不能考上，心里有数吗？

李洋：应该说还是比较有把握的吧。

王极盛：你什么时候得到自己成为高考状元的消息？

李洋：7月23日。

王极盛：从哪里知道的？

李洋：是通过山东新闻联播知道的，山东的文科状元是673分，正好我用电话已经查到分数了，就知道了这个消息。

王极盛：你知道这个消息之后是什么心情？

李洋：比较平静吧，因为我估分已经估到670到680这个区间了，当时考了673分，我觉得这个分数至少应该在全省拿到前五名吧。

王极盛：这是你们学校第一次拿状元吗？

李洋：我是我们学校第五个状元了。我们是日照五莲一中，从1996年到现在出了五个状元。

王极盛：你觉自己的心态怎么样？

李洋：应该比较好吧，虽然学习成绩比较好，但考前也有一些压力。当时我就这样跟自己说，我肯定能考上北大，如果是出现十分失常的情况，那我报山大还是差不多吧，如果连山大也考不上我可去复读。这样，我就把自己慢慢放松下来了。

我这个人比较能够进入状态，在考试的时候我什么都没想，就直接看题答题，很快就进入考试状态，感觉就没有压力了，所以说心态调整得还是比较好。

王极盛：你平时的心理素质怎么样？

李洋：还行吧，不过有时候也会比较急躁一些，有时候比较烦一些。这时，我就去打打篮球、活动活动。通过体力上的透支，发泄一下情绪。这样，身体累了，头脑就比较冷静一些，看什么东西会更清楚一些。

王极盛：在高三这一年里，特别是在下学期的考试中你遇到挫折了吗？考不出自己理想的水平来？

李洋：大的挫折没有，小的挫折还是有一些的。

王极盛：说得具体一点。

李洋：我的文综有一段时间一直是考得很不理想，我就这样告诫自己：我现在出现错误，出现问题应该是个好事情，人本身就是有弱点的，现在通过考试能够发现问题，这本身就是一件好事。如果在高考这样重大的考试中再出现这些问题，那就后悔莫及了。所以我一出现问题就尽量去补救。我从这个角度去看问题就没有过多的失落感，就可以以一个向上的心态去学习。

王极盛：后来你的文综怎么上去了？

李洋：很自然地就上去了。因为人总是有自己的长处和短处的，他考到了你的短处，你认识到了就可以去弥补了，这样不仅弥补了短处，你的长处也有可能在弥补的过程中得到更有力的发挥。这样，经过了那一段低谷就又慢慢地回到了正常状态。

点评

我问李洋同学高考成功的原因是什么,他回答得很简单,也很到位:第一,平时基础打得好,基础比较稳定,考试成绩也相对比较稳定。第二,心理状态调节好,考得好。

我从1999年开始,每年对全国31个省、自治区、直辖市的省级高考状元进行访谈,至今已访谈了300多个高考状元。每当我问及他们,高考成功的原因是什么,他们的回答几乎都是相同的,学习基础好,心态好。这可以说是他们高考成功的最主要的原因,也是那些考上名校的同学高考成功的主要原因。高考成功的规律据我的研究就是两句话:考生掌握知识的水平与运用知识解决问题的水平是高考成功的基础,是高考成功的硬件;考生心理状态调节的状况是高考成功的软件,起调节作用,既可以使考生超常发挥,也可以使考生正常发挥,还可以使考生发挥失常。高考成功的硬件即学习实力与高考成功的软件即心理状态,二者在高考中的作用同等重要,缺一不可。越是临近高考,考生心态的调整越显得关键,越显得重要。

李洋同学平时学习基础好,他在学校里考试都是年级第一名,在日照市全市模拟考试中一模、二模也是第一名,这说明他的成绩是相当好,也相当稳定的。但是就是这样一个成绩好又稳定的同学也并不是说在高考前就没有提高的可能了,高三这一年,无论是对于基础好、成绩好的同学还是对于基础差、成绩差的同学都是一个提高过程,只不过每个人提高的起点不一样而已。

在这里我特别想讲一下,对于成绩好、基础好的同学,你们不要放松最后复习、最后冲刺的机会,而对于那些学习差、基础差的同学,你们不要丧失最后复习、最后冲刺的机会。据我了解,有些基础差、学习差的同学到高三特别是下学期有些丧失信心，悲观失望，用他们的话来讲就是混到哪儿算哪儿。实际上这是一种极大的误区。有的同学虽然学习差、基础差，但是他们没有放弃最后的冲刺，而是以百倍的信心向前，找出自己的弱点，找出自己的劣势，集中力量把它补上去，最后还是成功了。

有一个考生在高三的时候成绩是比较差的，后来在高考前5月初的模拟考试是470多分，6月份的模拟考试成绩是480多分，但他从两次模拟考中总结出自己的弱点，找出自己知识上遗、漏、差、缺的地方，一步一个脚印，有计划有步骤地解决这些学习上的问题，逐步使自己的知识充实起来，最后高考以549分的成绩考取了北京理工大学。这个同学深有感触地讲，我不像那些人因为基础差就破罐破摔，其实，人都是在前进当中，只要花费的功夫到了，方法得当，效率提高了，学习成绩就能上去。如果当初我和他们一样，我可能连大本都没有好的学校上。

对学习成绩比较好的同学来说，你不要认为自己已经很好了，所以我建议平时基础好、成绩好的同学也要逐步提高，不能认为自己在考试中丢了分，不会做题就丧失信心。

有一个考生平时成绩好，基础也好，他一模没考好马上就怀疑自己的实力。他说，一模是高考的预备，我这次考不好高考也考不好。从此他一蹶不振，高考确实没考好。我认为他高考没考好不是因为他一模成绩不好，而是他对待一模成绩不好的态度所造成的。

李洋同学说他通过考试发现问题，然后去解决问题。他认为考试发现了问题是好事情，这就是对待考试的一种态度。有人考试前高度紧张，考试后一旦出现问题就丧失信心，悲观失望了。这是一种不良的心态，直接影响学习的进步，影响高考。而李洋同学却认为通过考试能够发现问题，本身是好事情，如果在高考时才出现这些问题就后悔莫及了。确实如此。他的文综成绩开始也是不理想的，后来在考试中逐渐发现问题，逐步解决问题，最后文综考得也比较好。

二模604分，高考704分
——访评高考北京市理科状元陆程远

> **状元金句**
>
> 拼一个无悔青春。

陆程远一模考了590多分，年级排名第十二名；二模考了604分，年级排名第八名；高考考了704分，成为北京市理科状元。这是怎么发生的？

王极盛：陆程远同学，首先祝贺你考上清华大学，同时成为全国高考北京市理科状元。先谈谈你们学校怎么能五年出四个状元呢？

陆程远：我认为状元是可遇不可求的。我们学校师资好，设备也不错，复习也很对路。

王极盛：你一模考多少分？

陆程远：一模590多分。

王极盛：二模呢？

陆程远：二模604分。

王极盛：那你高考考了704分，说说这是为什么？

陆程远：因为高考那个题都比较容易，而且一模、二模有很多题没有纠正，高考时就纠正了。

王极盛：我通过报纸得知，你们老师说你心态好，你的父母说你心态好，你也说自己心态好。你的心态好具体表现在哪些方面？

陆程远：我觉得自己主要是没有太重的思想包袱，没想过考不上怎么办，一门心思地考吧，争取考好吧。

王极盛：在全国高考北京市考生中，你是理科第一名。据我所知，一模 590 分左右，二模 600 分左右，在北京的考生里，要有 1500 名左右。

陆程远：北京一模和二模，各考区的题不一样，难度不一样，题是否与高考对路也不一定，所以分数也没法说。

王极盛：你们朝阳区排名没有？

陆程远：没有。朝阳区没有排名，排名了我也不知道。

王极盛：你们学校排了没有？

陆程远：我们学校一模排了。

王极盛：排多少？

陆程远：我是十几名，十二。

王极盛：二模呢？

陆程远：二模第八。我们还有三模、四模呢！

王极盛：三模多少？

陆程远：三模 608 分。

王极盛：排名多少？

陆程远：排第二。

王极盛：四模呢？

陆程远：四模 598 分，二十多名。

王极盛：二十多名，就是说你这些次模拟考试，从来没排过第一位？

陆程远：我模拟考没排过第一，但我以前排过第一。

王极盛：和你实力差不多的同学还是有一些的，但是谁能成为状元，可遇不可求。当时的各种心理状态会有一些影响，你觉得呢？

陆程远：对，是的。

王极盛：你觉得高考成功最主要的原因是什么？

陆程远：我觉得我基础打得挺好的，高三不用为基础的事发愁。到后来，我没给自己目标定得特别高，我就想，到时候好好考就行了，别想太多，别有太大负担。我就抓数学基础，基础的分就高了些。

王极盛：你中了状元，你们老师怎么评价？

陆程远：说没想到。

王极盛：你自己呢？

陆程远：我也没想到。

王极盛：这就有要研究的地方。如果你老得第一，这次考状元，老师也觉得很自然。而你不是每次第一，特别是四次模拟考试都不是第一。在这种情况下，高考考出第一来了，这就很有学问。老师说想不到是什么意思？

陆程远：就是他根本没想到北京市的状元会出在自己班。跟他说了以后他很惊讶，他没想到是我。他觉得我考上自己理想的系就可以了。他也没有给我提要求，没想到会有这么大的惊喜。

王极盛：状元可遇不可求。他没想到状元是在你们班里。你们学校连续五年有四年出状元。

陆程远：他是位年轻老师。而且我想明年到这个时候，高三哪个班老师也不会认为自己班会有状元。

王极盛：那是那是。

陆程远：谁都不会想这个问题。

王极盛：你不是实验班的吧？

陆程远：我是四班。

王极盛：四班是实验班吗？

陆程远：不是。

王极盛：你平时心理状态怎么样？

陆程远：我觉得挺好的。我考不好也郁闷，考得好就高兴。

王极盛：哪次郁闷过？

陆程远：一模时不太高兴，二模时稍稍好一点，三模已经拿第二名了，四模也就无所谓了。

王极盛：你们三模是什么时间考的？

陆程远：6月初。三模、四模好像都是6月初考的。

王极盛：四模考得不太理想吧？名次靠后点，当时什么想法？

陆程远：我觉得那份卷子出得不怎么样。

王极盛：那你每门课都是怎么复习的？

陆程远：听老师话，跟着老师走呗！多做点题。

王极盛：你们是不是今天英语考试？

陆程远：啊，对。马上就要考试了，还挺重要的。

（访谈暂告一段，第二天又进行了第二次谈话。）

王极盛：昨天你考得怎么样？

陆程远：不太好，反正也不怎么样。时间特别紧，这次考试跟高中不一样，词汇量有一个很大的飞跃，要求更高了。高中的阅读词汇量还是没有这么高的，而且更加侧重语法方面吧。虽然高中的阅读题增多了，但词汇量没有太高的要求，这次词汇量要求都特别大。

王极盛：听力怎么样？听力应该比高中容易吧？

陆程远：听力呀，他读得挺慢的，我好像好久没做听力了吧，并不是特别好。

王极盛：你从高考，也就是7月8日以后到现在，这段时间你做什么了？

陆程远：第一段时间是跟媒体打交道。那段时间过去之后，在家看了看书，玩了玩。然后就是有些电视节目在中间穿插。又玩了一个礼拜，就准备到清华来，准备东西吧。

王极盛：你是过来人，你认为下一届考生，他们应该做什么？因为很多考生都跟我讲，比方你这次考英语，好像忘了些，语感也发挥不了了，单词也忘了些，手也生了。一个暑假没怎么看书，有这个感觉。你有什么感觉？

陆程远：什么呀？是高考完了以后吗？

王极盛：对，考完以后两个月。

陆程远：这我也不好说。

王极盛：我是说总结经验，每年高考状元都讲，高考之后放假了，不要玩太多，玩是要玩，放松也要放松，但是不要一点不看书。

陆程远：对。清华一上来非常出乎我的意料，我以为起码一上来得有一个复习时间，复习六七天后才考，结果来了第二天就考试了。几乎生活还没安顿下来呢，马上就开始考试，反正非常紧吧。如果暑假要真是一点不看的话，那真是措手不及，那就真的等着考零分去吧。

王极盛：你这就应该是给下一届同学提的建议。

陆程远：我这不是建议，是教训。

王极盛：教训？对他们来说就变成好东西了。

陆程远：我觉得该玩就玩，但有些东西不能放太久了。比如你每天，甚至每两天抽出一段时间来背些英语单词，听一听英语，也就好得多，别像我似的。

王极盛：英语都要学。

陆程远：英语这东西不管哪个系，当然报日语、俄语除外，大部分系都要考，像我们数学系还有数学系专门的英语。

王极盛：你怎么想报数学的？

陆程远：我觉得数学比较基础吧。因为我想报理科，像数学、物理、化学。我想数学更好一些吧，所以就报的数学。

王极盛：你中学时对数学感兴趣吗？

陆程远：比较感兴趣，比较喜欢的。我们数学老师石敬民老师教得比较好，他把解题的兴趣带给了我们。

王极盛：学数学是一种乐趣，是吗？

陆程远：学数学不可能是乐趣，它很枯燥的。用我们老师的话说，你们以为高中毕业后考上大学就能玩一玩了吗？没那戏！肯定很苦，但苦中作乐吧。吃得苦中苦，方为人上人。不吃苦怎能体会快乐？必须给自己打下基础。

王极盛：你们老师引导你们苦中作乐，在解决困难当中获得快乐，是这意思吗？

陆程远：对。我们老师讲题很有意思。一般是他先把错误的讲了，普遍的方法讲了。一般内容很长，很无味，讲得我们头昏脑涨。他才说，哎呀！你看大家都晕了吧？其实可以这么答，他再说出特点。给我们讲得真是恍然大悟，就觉得很有意思。

王极盛：老师的教学方法和教学质量的关系很大，是吧？你数学是强项吧？

陆程远：不是强项。

王极盛：那你偏科吗？

陆程远：不太偏科。我可能有喜欢的科，有不喜欢的科，但是为了高考我各科都努力。

王极盛：你的强项是什么？

陆程远：啊？

王极盛：每个人都有强项和弱项。

陆程远：强项？如果从竞赛角度来讲，我物理获奖最高。但每个人还是要继续发展的，要继续挖掘自己的潜力，我还不好说我以后再向哪个方向发展。

王极盛：你数学参加过奥林匹克竞赛吗？

陆程远：嗯，参加过，什么名次都没有，非常惨。就是到这儿压力也是非常大的，好多人都是竞赛保送进来的，进数学系。到这儿我什么都不是，真的是什么都不是。

王极盛：你们数学系竞赛保送过来的有几个？

陆程远：起码有五六个吧？

王极盛：状元呢？

陆程远：数学状元，不知道是谁。

王极盛：你们数学系有状元呀，你不就是状元吗？

陆程远：高考第一名我是，其他分在材料系、建筑系的都有。

王极盛：你对自己成为状元怎么看？

陆程远：我觉得只能代表过去，不能代表将来。而且到了清华大学，考完试再说哎呀我还曾经是状元，那就太讽刺了。还是别提的比较好。万一考砸，人家该说了："你看还是状元呢！"多难为情啊！

王极盛：状元的确是状元，你也是在2002年高考中北京市分数最高嘛。12年的学习生活，最后一考，你是北京市最高分。再考一次，95%不是状元，但成绩肯定会靠前。毕竟，你12年的学习生活写下了光辉的一笔，是光辉的过去。你到清华之后，从零开始，大家同在一条起跑线上，大家同步竞争嘛，是不是？

陆程远：不是，我现在还落后一点。

王极盛：不一定，不一定，这就难说了。

陆程远：是谁能适应，谁能调节好心态，谁就能更快地掌握方法。

王极盛：我看你就不是死心眼儿。学校老师是怎么嘱咐你的？

陆程远：老师说，不要背包袱，到大学听老师话，多让学长学姐们教教我。老师主要是对全系学生说，重新开始，放下包袱，调整好心态，尽快适应这里的生活，适应这里的学习方法。主要是心态、学习方法，再有就是住宿舍与人相处啦。

王极盛：主要是自学能力。你这次考试，是不是相对来说心态好一些？我看你们老师也说，副校长也说，班主任也说，你爸爸也说，大家讲得都差不多。

陆程远：首先还得说基础，因为一说高考，就说高三时心态特别重要。但你要真说高考从哪儿开始，还是从高一开始。高一、高二打基础，到了高三下学期，更要注重心态。因为最后一两个月，你不可能提高什么，你根本提高不上去，那会儿要集中精力，就得调整好心态，改错，改自己的问题。

王极盛：你怎么做到的？

陆程远：我个人跟环境离不开。父母没给我什么压力，他们都说，干脆第一志愿报北师大算了。后来我说我要考清华，实在考不上就算了，就是这么想。然后我们学校也没施压，每天按部就班在那儿复习，学校也不说大家一定要考上清华，保证学校有多少多少人怎样，这方面不提要求。

我自己当时也没多想，反正"岂能尽如人意，但求无愧我心"，我尽力就是了，至于结果，那就不是我的事了。

王极盛：你还是对你模拟考试成绩再谈一谈？

陆程远：模拟考试分比较低，主要是模拟考试出现的问题都是那些在短期内可以改正的问题，并不是说基础有大问题。有些什么看错题啊，答非所问啊，答得不全啊，等等。一模扣分扣得狠，你出一点错，五六分、十分就没了。我卷面还被扣了十五分，就是写得不好，老师扣得比较狠。

王极盛：这样对你们有好处，是吧？

陆程远：当然啦，那时狠一点，高考时能多得分。

王极盛：那你后来高考考了704分？

陆程远：嗯。

王极盛：突破北京市700分大关了。

陆程远：卷子难度确实有所降低，尤其是理综。

王极盛：你理综多少分？

陆程远：293分。

王极盛：还有理综300分的考生吧。

陆程远：对。

王极盛：我已经看到三个300分了。

陆程远：他们确实比我强多了。

王极盛：那倒不一定，多几分少几分算不了什么。北京市第二名多少分？

陆程远：第二名702分，我才比他多2分。

王极盛：是四中的吧？

陆程远：对，我实在是比较侥幸。

王极盛：但高考是按照分说话。

陆程远：高考就是一锤子买卖。

王极盛：你说你这次，一下子从600多分长到700多分，成为北京市第一名，从你个人角度来看，关键是什么？

陆程远：其实从我个人角度看，我的心态已经调整得很好了。可以说从三模开始心态就很正了。从学习上讲，主要是改正错误。有时偶尔犯错误，都是那种能及时改正的错误。你说看错题这种东西，那你就小心一点。我当时就强迫自己，拿尺子比着一个字一个字地读，肯定这行看完了，再看下一行。然后就想出一些方法，也总结教训，这样提高得就很快。

王极盛：把你的教训提一提。

陆程远：很多马虎的错误。

王极盛：都是低级错误？

陆程远：低级的。当时一拿卷子，一看这题自己差不多会做，就滋生轻视的思想了。还有那种题，你看着眼熟，实际上不是你眼熟的那种题，这种题很刁。像这种经验教训，三模下来就积累得很多了。然后就这样一个原则，就是所有的题都是新题，每一道题都要认真对待。不管它多简单，你都要小心对待，一定要找出它的陷阱，别掉进去。然后当时拿尺子比着一点一点画，工作做得很细，绝对不敢跳步，一步一步地做，做一遍就保证它对，绝对不检查了。

王极盛：这就是经验，对吧？从一模、二模吸取教训。

陆程远：有的同学实际上高一、高二打的基础很好，虽然也出错误，但是是那种马虎上的错误。

王极盛：我看到《北京晚报》说你也很紧张，语文发卷子时手就发抖，有这事吗？

陆程远：有，写名字发抖，一写没写出来，那笔也新点儿，一写没出水来，给我吓得够呛。后来写两个出水了。我一看题就没事了，一投入就没事了。因为考前不管你心态调整得多好，一到考场鸦雀无声。反正我一看题就不想那么多了。

高考前一天，我看去年高考的一个录像，一个考上北大的学生，考试前在那儿打哈欠。当时我一看特放松，因为我每次考试前紧张都打哈欠，后来那女生考上北大了，所以我也觉得没事了。

王极盛：你说你拿笔写字发抖，为什么？

陆程远：我呀，反正我也不知为什么，是身体现象吧。主要怕写错了，别第一下写错了，名字要写错了就麻烦了。就那答题卡，特怕写错了，再改多不雅观呀！后来就好了，第一场考试难免有点紧张。

王极盛：你觉得今年作文题出得怎么样？

陆程远：作文方面我不好说。反正我写的是应试作文，我也不敢写像什么潘金莲之类的，实在不敢写，怕出问题。考试给什么题目我也得死死板板地写。

王极盛：四门都考完了什么心情？

陆程远：当时我觉得数学考得挺好的，实际上没有这么好，应该140，实际上是138，知识还是有遗漏。因为感觉不错，挺高兴。但也不敢太放松，因为我四模数学考得不错，挺高兴，语文就惨了，拉下来了。三模考第二名那次，数学考得并不是特别好，语文呢，艰苦奋斗，顶着压力上，反倒拿一个第二，等于我三模四模一正一反两个教训。当时不敢太放肆，喜悦也不是太喜悦，也不知对还是错，也没有答案，反正我就想，考好一门算一门，考好下一门是最主要的。

王极盛：高考全都考完什么感觉？

陆程远：拼一个无悔青春。你想一想高中这几年，特别是高三这一年，有什么感慨？就是这句话。

点评

陆程远同学在高考中成为北京市理科状元,他自己没想到,他的老师也没想到,大家都感觉很惊喜。他是这几年北京市高考状元当中分数最高的人,他突破了700分,成绩是704分,创近年来北京市高考分数的新高。

只要看看陆程远同学的一模、二模考试分数和在学校里一模、二模排名的名次,包括陆程远本人和他的老师、同学感到惊喜就是很自然的了。他一模的成绩是590多分,在年级排第十二名;二模的成绩是604分,在年级排第八名。不用说在北京市来比分,就是在他们学校里他的成绩也不是最高的。

他一模、二模的成绩,据我的推测北京市的考生至少有1500人。当然北京市各区的考题都是各区自己出的,出题难度不完全相同,不能直接进行比较。

为什么陆程远可以从二模的604分一跃成为高考的704分?这很值得研究,研究这个问题也就能回答高考成功的原因和规律是什么,怎样才能高考成功,怎样才能考出自己的水平,甚至超常发挥。我们研究这个问题绝不是让大家都成为状元,状元可遇不可求,但是状元成功了,状元的成功就能解释高考成功的某些规律,掌握规律就能成功,违反规律就要遭到失败。高考也是一样,所谓高考是残酷无情的就在于规律是不能动摇的。

在我与陆程远同学的两次交谈中,我觉得他的成功就是平时学习基础好,高考时心态好、发挥好。他在高考前的四次模拟考试中虽然不是年级第一名,但是他还是在年级排名名列前茅的,他的学习基础平时也很好。

陆程远同学一个非常好的特点是他善于发现自己的错误,并且切切实实地采取措施改正自己的错误。他一旦发现错误就坚决改,采取措施一定要改，并且改得很成功。比如说他发现自己考试时看错题，马虎怎么办？他就用尺子一行一行对着题目做，这样就不会串行，可以一行一行看，就能看得准，很少出错。由于马虎而丢分是犯了低级错误，这种丢分实在是太不值得，遗憾终生。陆程远同学就能做到这一点，说改就改，并且马上奏效。

我们常常看见有些考生埋怨自己考试马虎，计算错误。其实你马虎也不是一天半天的毛病了，你为什么不改？这是一个素质问题，是一个意志问题，也是个心理品质问题。所以陆程远同学的成功并不神秘，哪个考生都存在一些马虎的毛病，你改了不就不马虎了吗？你改了不就不丢分了吗？你改了不就考出你的实际水平了吗？

陆程远同学的心态也很好，他为什么考得好？他们学校的校长、班主任老师、他父亲、他本人都说是心态好。确实他心态好，没有什么压力。他不想当状元，甚至他的家长都说：干脆咱们报北师大吧。所以相对来讲他高考时比较轻松，轻松就能发挥出来自己平时的水平，甚至超常发挥。

从小立志要拿诺贝尔奖
——访评高考天津市理科状元张继涛

> **状元金句**
>
> 如果把高考看成一块蛋糕的话,实力是面糕,心态就是奶油,大部分的面糕都是相同的,好吃不好吃就看那奶油。

张继涛从小立志要拿诺贝尔奖。他认为要想成功,第一要有目标,第二要有信心,第三要有决心。高考是他实现自己的梦想的最重要的一步。在我采访到的理科状元中,他的高考总分最高。

王极盛:你好,继涛。你是天津一中毕业的,对吧?

张继涛:对。

王极盛:请谈谈你这次高考成功的原因是什么?

张继涛:应该有主观因素,也有客观因素。在主观上有三点,第一应该是有目标。我从很小的时候就有这样一个理想,希望将来能拿到诺贝尔奖。我觉得高考是实现这一理想的最重要的一步。有这样一个目标我觉得就应该努力吧。

王极盛:有明确目标,效果应该好一些。

张继涛:第一是有目标,第二是有信心。我觉得设定目标以后,如果没有信心实现的话,这个过程也无法完成,所以要有信心,信心在整个过程当中起到决定性的作用。第三应该是有决心,无论遇到什么困难,都要顽强克服。比如说，我高中时每天晚上都要很晚才睡觉，因为要学东西，每天晚上特别困，所以一定要克服。主观上我觉得就这三个原因。

客观上主要有两个因素，第一就是家长和老师的关怀，家长一直无微不至地在后方做支援，老师也认真负责地对待每一堂课、每一次考试。第二个客观因素就是高考试卷。它每年都有一定的变化，有些人对这种变化就可能特别适应，有些人就特别专的那种，对不只局限于课本的试卷就不适应。今年高考试卷可能比较适合我。

王极盛：谈谈你高考前是怎么调整心态的？你认为调整心态对高考来说起着怎样的作用？

张继涛：如果把高考看成一块蛋糕的话，实力是面糕，心态就是奶油，大部分的面糕都是相同的，好吃不好吃就看那奶油。对高考来说，大多数人的实力其实差不了太多，就是心态不一样，考试成绩不同。

调整心态有很多方法，第一个比如说可以找一些自己喜欢的事情来做。高考之前所有的世界杯比赛我都看了，尤其自己喜欢的队就全都看了。第二个就是高考之前别跟自己过分较真。这个题不会，不会就不会，没有关系。就是给自己一些心理暗示吧，不会的没有关系。第三个就是不断给自己打气。第四个就是高考之前时松时紧，一段时间特别紧张，然后松弛一下。这种情况下，你心里那种应变能力会好一点。第五个就是要干一件事情，干就把它干完。比如说，今天早上我翻英语，就一定要把它翻完，这样就不知不觉地进入一种状态。

王极盛：你觉得这种放松和调节心态的办法，对你高考起了什么作用？

张继涛：我觉得是成功的概率大大增加了，即使当初我高考没有考好的话，考后我的心态也不会太糟糕。因为高考时我是这样一种想法，觉得考得好不好无所谓。

王极盛：你高考时遇到困难了吗？考试当中遇到难题是怎样一种心态？

张继涛：我就想，我难别人也会觉得难，我见过的难题比别人多多了。我平时是那种做题很多的人，积累出来的，平时那么多别人做不出来的难题我都做出来了，这道题我肯定没问题。但是有一道题，到最后我也不会做。我就想，我不会别人也差不多不会做。最后，确实那道题好多人都不会做。

王极盛：你怎么想到要去拿诺贝尔奖？为什么会有这样的雄心壮志？

张继涛：我觉得中国人很聪明，但是缺少一种很灵活的东西。你看李政道、杨振宁获得诺贝尔奖，就是他们在前人的基础上多迈了一步。这多迈的一小步，正是中国人要解决的问题。定式思维把你自己束缚住了。这种定式思维的解除就是应该更多地吸收前人的精华。但是我说为什么要去北大，就是说你站在巨人的肩膀上，就可以更好地看到巨人的未来，就可以更接近那些诺贝尔奖或者说那些有冲击诺贝尔奖的经历的人，通过他们的经历可以找出，甚至跳过那种障碍，能够更贴近。

王极盛：北京大学对你将来争取诺贝尔奖能够提供一种更好的环境？

张继涛：对。

王极盛：你是什么时候开始对生命科学感兴趣的？

张继涛：在我很小的时候。

王极盛：它是怎么形成的？

张继涛：我也不知道，我是那种对什么都感兴趣的人，我觉得都可以，我不在乎。但是以前有人对诺贝尔奖有过一个测算，如果中国人拿诺贝尔奖，最先可能拿数学奖，第二可能拿到的就是生理学或医学奖。说实话，我不是数学脑子，我觉得要是攻数学的话，我很难拿到诺贝尔奖，要是搞生理医学，我比较喜欢，有可能拿到。

点评

在与张继涛同学的访谈中,我深深地被他的雄心壮志所感动。他对我讲,他从小就立下志向,要拿诺贝尔奖,至今不变。这样一个宏大志向的实现是相当困难的,但他就有这样的志向,有这样的雄心壮志,实在是很了不起的。他对我讲,人要有目标。他的目标就是要拿诺贝尔奖。有了目标,还要有自信心。他说,信心是在整个学习过程中起关键性作用的。信心是人成功的灵魂,信心是考试成功的精神支柱。在这个意义上讲,信心是他在攀登诺贝尔奖的征程中的灵魂。他说,第三条,要有决心。他小小年纪,就有这样的雄心壮志。我衷心地祝愿他在攀登科学高峰的过程中,脚踏实地,勇于创新,最终实现自己的理想,拿到诺贝尔奖。

张继涛同学对心态在高考中的作用有着深刻的理解。他打了个比方:如果把高考看作是一块蛋糕,学习实力就是面糕,心理状态就是奶油。他认为大家的面糕都是相同的,好吃不好吃,就看奶油了。对高考来讲,大多数考生的实力其实差不了太多,就是心态不同,所以高考成绩不同。他已经意识到,在实力相当的情况下,决定高考能否成功,能否实现自己的愿望,关键在于心理状态如何。张继涛同学不仅认识到心态的重要性,而且还在具体的学习生活中,总结出一套适合自己的调整心态的方法。他提出了五个方法。我觉得这对他能够成功地调整心态,能够成功地进入考试状态,充分发挥,都起了重要的作用。

任何人在生活实践中都会出现心理问题,区别在于有的人会调整心态,会把不稳定的心态很快地调整为稳定。可是,有很多人不会调整心态,心态长时间地持续不稳定。在高考前后和高考中,很多人都会出现心理问题。会调整心态的考生,就会考得好;不会调节心态的考生,就会考不好。

我对2000年高考考生进行的调查表明，有60.7%的考生不会调整心态。我还在2001年进行了一项研究，即20个影响高考的心理因素在高考中作用大小的研究。结果表明，学会心理调节在20个影响高考的心理因素中是占第一位的。

那么，如何学习调整心理状态呢？

第一，要善于在自己的生活与实践中总结经验，摸索一些简便易行，适合自己个性与心理特点的心理调整方式。张继涛同学是个有心人，他善于从自己的学习生活中总结一些适合自己的心理调整方式。第二，要从报纸、杂志、心理学书籍上吸收一些适合自己的心理调整方式。第三，要在与同学的交往、交流中，善于向同学学习，学习一些心理调整的方法。关键还在于应用。否则，再好的心理调整方法，也不会发挥作用的。同时，刚开始动用心理调节时，不一定能马上奏效，也不一定效果很明显。这不要紧，应用需要有一个过程，并且在应用中不断地完善方法，心理调节也不要急于求成，要允许有一个过程。他能取得这样好的学习成绩，是由于他有很强的学习实力，有很好的学习基础。他还有很好的学习心态，会调整心态。

通过自信调整心态
——访评高考辽宁省理科状元刘隆

> **状元金句**
>
> 考试时不顺利,想起自己要上清华,就鼓起劲来,就有力量了。

刘隆同学说这次高考从心情上来看,有点超常发挥,从知识水平上来看是正常发挥。他认为平时学习基础好,增强信心,高考就能心态平和。

王极盛:刘隆同学,首先祝贺你考取清华大学,并成为高考辽宁省理科状元。你第一次到北京吗?

刘隆:不是,以前也来过。

王极盛:来过清华吗?

刘隆:来过一次。

王极盛:什么时间?

刘隆:大概是两三年以前吧。那次我到清华不是特意来的,就是偶尔路过。

王极盛:你是什么时候萌发报考清华大学的想法的?

刘隆:很早以前吧。听说清华大学是一个很好的地方,所以很早以前就有这个想法了。上高中时成绩还可以,所以就确定了这个目标。

王极盛:目标确定后,遇到困难和挫折时,这个目标就会鼓励你前进?

刘隆：也算是一个动力吧。

王极盛：你能不能举个具体例子？

刘隆：比如我考试时不顺利，想起自己要上清华，就鼓起劲来，就有力量了。中考时我上的就是压上我那个分数线的重点高中。除了这一关以外，当时情况也有点特殊，当时我爸刚刚去世。考试也发生点情况，可能是数学不太好，后来这一关过来以后基本就稳定了，可以算是一帆风顺了。

王极盛：那你在高中三年当中，遇没遇到考试不顺利的时候？

刘隆：在高三时考试次数增多，感觉到运气比较好吧。出题内容比较对路，成绩在学校一直不错，没什么挫折之类的。

王极盛：你觉得你能成为辽宁省状元，主要原因是什么？

刘隆：心态调节得比较好。这次相对来说，题是比较简单的。一般同学在知识上没什么问题，有的人就是太紧张了。一紧张的话，有些不该错的题，有时是太马虎了，有时是只想到一种思路，就做不出来了。像英语、像语文作文，或者主观题，需要发挥的，如果心情不放松的话，就会差挺远的。这还是心态问题。

王极盛：在考试前几天，你是什么心态？考试时又是什么心态？

刘隆：考试前几天一想到考试，还是稍有点紧张。但是考试时写上名字以后就不慌了。跟平时一样，有点紧张还得保持动力吧。考完试心情就放松了。出分之前又挺紧张的，考完试那段倒没什么。这个考试，以前也考了很多试，高三考试特别多。跟平常差不多，还没有平常紧张呢！

王极盛：那你平时注意心理素质的培养吗？注意心态调节吗？

刘隆：这个也没有刻意去调节，主要是在平时考试中增加自信心吧。在考试中如果成绩始终比较好的话，一段时间成绩有所提高也算是增强自信心。因为考试中有很多不确定的因素，这样自然而然地就把自己心态调节了，通过自信来调节。

王极盛：你高考前有信心吧？

刘隆：挺有信心的，因为以前考试我都挺好的，而且我想知识上不存在什么问题，该复习的也复习到了，该做的题也做得差不多了。而且我觉得自己对那些新的题型还是有能力做的，所以比较镇静。

王极盛：你觉得这次考试是正常发挥，还是有点超常？

刘隆：就心情上来说，应该是有点超常，因为还没有平时考试那么紧张；从知识水平上来说是正常发挥。

点评

　　刘隆同学在全国高考中成为辽宁省理科状元,考取了清华大学。刘隆同学高考成功,主要原因是平时学习基础好。高考时从心态来讲调整得好,因此发挥很好。

　　刘隆同学在高中三年中,学习一直很好。在考试中,偶尔排名不是第一,大部分考试成绩都是第一。用他的话来说,他基础知识方面打得牢。正是在这个意义上,他有信心,觉得自己该复习的都复习了,该掌握的都掌握了。高考也就是考自己平时学的那些东西,所以没有什么担心,因此心里就有信心。

　　一个考生对考试充满信心,他就能够心态平和,情绪稳定而饱满,在考场上就能进入状态,充分发挥。正像刘隆同学所说,这次考试成绩好就是因为他心情方面超常一些,没有平时考试那种紧张感。这就是说,要想考试不紧张,关键的一点就在于平时基础好。一个考生平时基础好,知识掌握得很牢,能运用知识解决问题,学习上融会贯通,自然就没有多大心理负担,自然就不会太紧张。信心是建立在掌握知识的基础上的,信心是建立在学习实力的基础上的,而不是建立在沙漠上的。

克服恐惧感，学数学就没有问题了
——访评高考黑龙江省理科状元孙超

> ● **状元金句** ●
>
> 每个人都会有一段感觉自己什么都不会的时期，大家都会遇到这样的问题，坚持一下就会过去了。

孙超同学高考数学考了145分。她说，学数学克服恐惧感就没问题了。她还认为，如果女孩真正学进去基础会更牢，很多女孩高考数学都能拿很高的分数。

王极盛：孙超同学，首先祝贺你考取了清华大学，并成为黑龙江省理科状元。

孙超：谢谢。

王极盛：你在学校里也不是每次第一，还有第二。那你这次高考怎么成了全校第一，全市第一，全黑龙江省第一？

孙超：我觉得这次有一个运气成分在里面，我感觉自己心态比较平和，因为以前从来没有过，所以答起来比较轻松。另外，我可能属于比较粗心的那种。现在高考都考得比较基础，不是特别难，难题很少。所以我这次可能比较仔细，比较认真，这方面就占了很大便宜。因为没有特别难的题，特别深的题，可能比较适合我，这分数答出来就比别人高一些。

王极盛：你这次数学145分，怎么学的？

孙超：我还算比较喜欢学数学，有一点儿兴趣，不觉得苦。学数学的关键是触类旁通，做题要少而精。量要够，但又不能太多太滥，这样就不会感觉很厌烦，成绩还能有一点提高，能够刺激一下自己学习的动力，就是这样的感觉。至于具体方法，主要题型要多看一些。关键是在第一遍学的时候，每个题型、公式还有这些综合，穿插运用掌握得最好，印象最深刻。所以说应该抓住第一遍，到高三时再做这题时就轻松多了。我感觉大家对数学最好不要产生恐惧感，克服恐惧感就没有问题了。一般来说，女同学比较怕代数和几何。我也有一点怕物理，但数学不太怕，就学得好一点。

王极盛：你说说女孩为什么怕数学？特别是文科考生怕数学，而文科考生考得不好往往是数学拉分。你分析一下，你也是女生，你的心态是怎样的？帮助她们克服一下数学恐惧感。

孙超：其实我也说不太清楚。因为我从小数学学得还不错，所以不知道学不好是什么感受。不过我想最初大家产生恐惧感时，可能是因为有一点点不会，害怕了，就想放弃了。其实坚持下来就会好一点。有些人对那些需逻辑性强一些的东西都有恐惧感，好像大家也总是在说，学工、学理男生比较好，女生就应该学文什么的。这个可能对女生有一定影响。这种思维定式对女生有一种心理暗示，就是说，我这方面可能就不好。稍微有一点不好，心里就想，真是被大家说中了。所以大家尤其是开始有一点点跟不上时，也要一直相信自己能行，希望大家能试试吧。

王极盛：你认为男孩能学好数学，女孩也能学好数学，是不是？

孙超：对，而且更注意基础的东西。相对来说，女孩如果真正学进去基础更牢，更踏实一点。我觉得很多女孩高考数学都能拿很高的分数。

王极盛：有话跟你爸妈讲吗？

孙超：不是什么都讲，有问题才说。平时学校里的事，有意思的才说，很多东西想不起来了就不说。一般心情不太好，考试考得不理想时，情绪波动时，才讲。

王极盛：你哪次没考好？

孙超：第二次月考，考了全班第十三名，年级第五十九名。

王极盛：当时什么心情？

孙超：觉得自己什么都不会了，什么都学不明白。

王极盛：后来是怎么转变过来的？情绪怎么好起来的？怎么有信心的？

孙超：那时比较难熬，做东西感觉挺盲目的，主要是爸妈鼓励比较多，同学们也很好。大家好像都有情绪上的波动。大家一说没考好，退步了，就发现自己的问题别人也有，就豁然开朗了，觉得大家一起共患难，不气馁，不放弃。同学们感情很好，也是一方面的支持。后来又考了一次，又开始上升了。最后逐渐回到前几名，就好了。每个人都会有一段感觉自己什么都不会的时期，大家都会遇到这样的问题，坚持一下就会过去了。

点评

孙超同学在全国高考中成为黑龙江省理科状元。孙超同学平时学习基础比较好，高考时心态也比较好，所以就考得好。但是她所在学校里平时成绩比她好的，很有希望成为状元的同学，据她说就有三个。一位是全省第二名，另外两名比她差了几十分。

孙超同学在与我交谈中，谈到数学学习问题。她的数学今年考了145分。她认为学好数学要在高一、高二把基础打好，第一遍就要学深学透，有深刻的印象，到高三复习的时候，就相对比较轻松。这话我觉得有道理。

我就认识几个今年已经上大学的同学，他们学习都很好，但是到高三开始时，就是数学跟不上去，曾经有一段时间很苦恼，有一段很低沉的时期。其中一个同学就谈，高三一开学，本来高三就很重要，心里就有点紧张，再加上数学题不太会做。我问他为什么不会做？他说高一、高二的东西忘了很多。他非常后悔地讲："我如果在高二暑假能用一定时间把高一、高二的东西复习一遍，高三开始时数学就有可能跟上去。数学跟上去了，我心情就有了。我由于数学没跟上去，用了很多的时间钻研数学，结果其他几门课程的复习也受到了影响。"他对我讲，希望将来参加高考的同学在高二暑假，一定要把数学复习复习，到高三开始做题就好做了。否则的话会牵扯很多精力，也容易使情绪波动。

孙超同学还对我说，学好数学，最好在心态上要战胜它，要克服恐惧感。她觉得有些同学数学没学好，就是因为恐惧数学，因此就钻不进去，做题也是为了应付。

在这里我还想谈谈女孩学习数学的问题。一般人认为女孩学数学不如男孩，可能现实生活中确实存在这种情况。什么原因造成的呢？根据我的研究，男孩、女孩的数学能力是相似的，有些女孩数学学不好，包括一些学文科的男孩数学不好，主要不是智力问题，不是数学能力问题，主要是心态问题，主要是信心问题。她们对学习数学缺乏信心，首先望而生畏，看题头疼，做题头疼，自然而然学不好。

社会影响对女孩学数学也有一定的不良效应。人们常常说女孩数学能力不如男孩，还说男孩适合学理工，女孩适合学文科。什么意思？意思就是女孩数学不如男孩，女孩学文科更适合。当然学文学理根据个人情况而定，但不能认为女孩学文科是因为数学不好才去学的。社会舆论对每一个人都有一定影响，特别对女孩学数学有影响。

我多年的研究表明，男孩能学好数学，女孩也能学好数学；男孩高考数学能拿高分，女孩高考数学也能拿高分。我这里以我的研究结果来表明我的看法。我在1999年对全国30个省、自治区、直辖市的高考状元进行了访谈，其中数学满分(150分)的只有两位。一位是辽宁省大连市二十三中的黄晓庆，该生是女生，考取了北京大学经济学院。另一位是上海市考生黄腻，也是位女生。她是学理科的，考取了清华大学计算机系。

我对2001年全国高考65位高考状元进行访谈，其中文科状元中数学满分的有6人，有5位是女生，1位是男生。理科状元中数学满分的有2位，1位是男生，1位是女生。这个数据可以从一个侧面表明，男孩数学能考好，女孩数学也能考得好。

为什么我们专门讨论一下数学问题呢？因为不论是考文科考理科的考生，丢分比较多的常常是数学。数学一两道题不会做，就丢很多分。在高考中拉分比较多的科目，首推数学。因此这里我们专门讨论一下怎样学数学，特别是女生怎样对待数学。我希望所有的考生都要认真探讨如何学好数学，最好从初中就把数学基础打好，高中再进一步巩固强化，到高三时经过系统复习，真正把数学水平提高一步，高考就能考得好。一个考生，其他科都很好，就是数学拉分，高考总分低下来，实在是令人遗憾。

　　学好数学不仅仅为了高考，而且对培养每一个人的思维品质是非常重要的。通过数学来提高自己的思维品质，对将来走入社会也是非常有益的。

不要总是去想自己的名次
——访评高考江苏省理科状元张璇

> **● 状元金句 ●**
>
> 关键在于管好自己的事，不要总是去想着名次或者是数字上的问题。你尽量摸索自己的学习方法，把自己的潜力发挥出来。

张璇刚进入初中，她的成绩在年级排名倒数第二名。但她不计较名次，把自己该做的事情做好，尽量发挥自己的潜力，学习成绩慢慢地提高，最后成为江苏省高考状元。

王极盛：张璇同学，首先祝贺你考取了清华大学，并且成为高考江苏省理科状元。

张璇：谢谢。

王极盛：你是江苏哪所学校毕业的？

张璇：江苏常州高级中学。

王极盛：是重点中学吧？

张璇：对，是国家示范高中。

王极盛：你这次考了多少分？

张璇：总分是685分。

王极盛：你平时在学校里一模、二模排名多少？

张璇：一模是全校第二，二模是全校第一。

王极盛：你们学校有多少人？

张璇：高三年级有 500 多人。

王极盛：你高一、高二时怎么样？

张璇：总的来说，高一、高二是逐步上升的。因为我们学校是高级中学，我们是一个实验性的班级叫作教改班。我是初中就考进了那个学校了，初中刚进校的时候是整个年级倒数第二。

王极盛：好，你讲这个对别人很有帮助。你初一是倒数第二，后来怎么上去了？

张璇：后来我觉得你不要总想着自己的名次是多少，自己主要想的是我有能力做别人能够做到的事情，我可能把这个事情比别人做得更好，所以靠这种信念我就慢慢在前进。

王极盛：你高一的时候怎么样？

张璇：高一的时候我一般是班级前十名，我们这个班是整个年级中最好的班。

王极盛：你初一期末时怎么样？

张璇：大概是班内的第二十五名，那时初中只有 2 个班。

王极盛：是中等。

张璇：对。

王极盛：高一时就 500 人了吧？

张璇：对，是 500 人。当时班内排名前十名，年级排名大概是第十五名的样子。

王极盛：步入高二呢？

张璇：高二一般是前五名。

王极盛：高三呢？

张璇：高三没有出过前三名。

王极盛：讲讲你的成绩逐步上升的原因在哪里？

张璇：我觉得关键在于管好自己的事，不要总是去想着名次或者是数字上的问题。你尽量摸索自己的学习方法，把自己的潜力发挥出来。不要在竞争上太从数字上计较。

王极盛：你的心态怎么样？心理状态怎么样？

张璇：我觉得我当时心态比较好，因为我在考场上的时候根本就不去想它是不是高考，而是觉得就像平时做的任何一个考卷一样的。一方面用高考来提醒自己，就是说不能够马虎，不能够像平时考虑得那样随便。但是你真正坐在考场上的时候应该想的是这就是一次很平常的考试，我可以答得比较随意，不用太去想我这道题到底能拿多少分，你不能一道道这样想。另一方面，我也不去想这次考下来是不是第一名或是不是我学校的第一名啊，要发挥自己的最好水平，不管自己得到什么样的名次。

点评

张璇同学在全国高考中成为江苏省状元,江苏省今年实行三加大综合的考试方式,就是说每个考生都要考语文、数学、外语,还要考大综合,即考物理、化学、生物、历史、地理、政治,因此不分文科第一名和理科第一名,一般情况下只有一个第一名。张璇同学今年高考的总分是685分,是全省考分最高的考生,第二名考生的分数是684分,与张璇同学仅有1分之差。

我在与张璇同学的交谈中惊奇地发现,她在刚进这所学校初中时,在年级排名是倒数第二名。但是张璇同学有个特点,她不计较名次,不把名次当成心理负担,而是把自己该做的事情做好。这样她的成绩逐步上升,到高一的时候排名就在班里前十名之内了,高三的时候就不出前三名了。

有些同学说,状元是天生的,人家头脑好,天生注定的。其实这是很大很大的误会,绝大部分高考状元智力水平一般,和大家一样,没有什么比大家更聪明的地方,只是他们掌握了高考的规律,把基础打好,心态调节好,高考发挥正常了或者超常发挥,一举成为状元。

张璇同学能从初中时的年级倒数第二名,到高考时一举成为江苏省成绩最好的,这说明了什么呢?很值得我们考生和家长思考,从中悟出她成功的秘诀,吸取经验,把自己的学习搞好。

张璇同学成功的一个显著特点就是她所说的,不把名次挂在心里,不花费时间去考虑自己的名次问题,而是把自己的事情做好,把自己管好,尽量探索适合自己的学习方法,把自己的潜力发挥出来。我想张璇同学这个成功的经验不仅适合她本人,也适合其他同学。只要考生把自己的精力,把自己的注意力都用在学习上，不受外界的引诱，也会战胜自己，不被自己的不良心态所束缚，有信心地、有计划地学习。用适合自己的方法去学习就会发挥出自己的潜力，就会逐步提高自己的成绩。

在江苏省的考生当中，有多少人刚入初中时在年级中排名倒数第二名？很少很少，绝大部分同学刚入初中时在年级的排名都会比张璇强，但是最后在高考当中张璇同学能一举成名。当然那些没成为状元的同学也是考得很好的，我们不能以状元来评论成绩，评论人的地位，再考一次张璇同学可能就不是状元了，可能是另外一个同学成为江苏省状元，但是我们这里讲的是张璇同学的成功经验。因此我认为，平时学习时要聚精会神，专心致志，不要被外界的引诱所干扰，也不要被自己的不良心态所困惑，学习成绩好和差的同学都会逐步进步的。

这点我特别要说一下，那些学习差的同学，一定要从张璇同学的成长过程中受到启发，努力提高自己。成绩是暂时的，只要自己心态好，只要自己肯努力，成绩是会改变的，是会朝着好的方向发展的。

有些同学在年级考试排名较差就丧失信心，认为自己脑子笨，不可能上去了，实际上这是个很大的误会，成绩好成绩差主要在于自己是否努力，是否有好的学习方法，是否心态好，绝不是脑袋的差异所造成的。绝大部分同学的智力水平都差不多，当然也有个别智力迟钝的同学，那一眼就看出来了，一般情况下很难进入高中，更难进入高三了，那是极个别的同学。

高三一次数学考试，班里倒数第一
——访评高考浙江省理科状元孙思思

> **状元金句**
>
> 有些事情，你如果太想去实现它的话，反而不行。你虽然要去争，但是不能给自己太大压力。

孙思思班里比她学习实力强的同学挺多，她在高三一次数学考试中还是班里倒数第一。她说有时太想考第一了反而做不到，她高考时反而比平时放松些。

王极盛：你来自哪所学校？

孙思思：我来自浙江省余姚中学。

王极盛：你在学校里排名怎样？

孙思思：平时基本上是在十名左右。

王极盛：也不是第一啊？

孙思思：不是。很少会得第一名。

王极盛：在县里呢？

孙思思：在县里我们余姚中学就是最好的了。别的学校都不能和我们比。

王极盛：那你想考哪所大学？

孙思思：我原来打算考上海同济大学，因为没想到会发挥得这么好。

王极盛：没想到发挥这么好，没想到上清华？

孙思思：对。

王极盛：那你就是说没有压力了？

孙思思：基本上没有太大的压力，比较放松。

王极盛：你爸爸妈妈要求高不高？

孙思思：不是很高。

王极盛：那你考试时心态怎样？考前那几天怎样？紧张吗？

孙思思：不是很紧张，我觉得和平常差不多，反而可能更放松一点。

王极盛：7月6日怎么安排的？

孙思思：基本上我是每天都去上晚自修的，不过7月6日好像没有去，吃完饭就散了一会儿步，回来就聊了一会儿。但没有做题，也没有提早睡觉，就是跟原来差不多，10点半这样子，反正一切都按平时嘛。饮食啊什么方面都是按平时。

王极盛：平常心对待。第二天早上到考场呢？

孙思思：第二天，第一场时是有一点紧张，因为第一次看到这么多人，好多好多考生在那边。一开始都很早起来，都在外面等，是有一点紧张，进考场以后就觉得还好。

王极盛：发下卷子后什么感觉？

孙思思：没什么感觉，就是觉得跟平常模拟考差不多。

王极盛：在参加过高考以后，你感觉高考是什么状况？

孙思思：我觉得比模拟考还模拟考，好像没有什么感觉。可能模拟考考得太多了，都麻木了。

王极盛：那原来没参加高考之前，把高考看成什么？

孙思思：反正总觉得很残酷的吧。一次考试就决定命运，但这也没有办法。现在，只能这样子。那就只能考吧。

王极盛：那这次考试也决定你命运了，把你送到清华来了。

孙思思：不知道是好是坏。

王极盛：当然是好了。怎么能不知道是好是坏，肯定是好。条件不一样,师资力量不一样,瞧你们条件多好,还有个会客室,不得了了。

孙思思:好像浙大条件更好。

王极盛:浙大更好?

孙思思:对,宿舍条件更好,条件毕竟是另外的,师资、学习环境更重要。

王极盛:最关键是内因,要靠自己。你考上全省状元,学校有什么反应?

孙思思:学校当然很高兴。我觉得对我个人来说,我少考一些分数也一样能上清华,那对学校来说声誉不一样,所以学校比我更高兴。

王极盛:那学校十分高兴吧?

孙思思:我们整个县里都很高兴。因为我们那个地方从1982年以后就没出过状元了。

王极盛:你们学校是第一次出状元吗?

孙思思:我们学校是第一次。

王极盛:这是你们学校"零的突破"。

孙思思:我们学校其实挺好的,应该是浙江省的重点中学。

王极盛:那学校应该大庆特庆。请你回去给今年高三的同学谈经验了吗?

孙思思:没有,因为我不太喜欢。我觉得我没什么经验。平时我们班比我好的挺多的。我们班考上清华的还有两个,他们平时成绩都比我好。

王极盛:这次他们怎么没考过你?

孙思思:这个只是运气问题吧。全省前500名全都有可能考到状元,只是这么个机遇问题。

王极盛:机遇问题主要是状态问题,主要是心理素质。

孙思思:前500名应该都有实力来考出来,但是最后落在我的头上。

王极盛:通过这次高考,你觉得心理状态在高考中起什么作用?

孙思思:应该比较重要吧。跟实力比,可能6分是实力,4分是心态吧。像跟我实力差不多的我们学校就有很多。我心态比较好。

王极盛:你平时也不着急,不上火吗?

孙思思:也不是不着急,但考试的时候不着急。平时学习的时候,我觉得我好胜心还是很强的，每次模拟考成绩下来之后，我总会跟考得比我好的同学去比嘛。考坏了我也经常会哭的，反正也是比较要强的。

王极盛：你要是不要强，没有上进心，爱怎么怎么的，大学都考不上。你哪次考试没考好？哭了？

孙思思：我经常哭的。

王极盛：经常哭啊！

孙思思：比如说有一回，反正高三上半学期的时候吧，也是那种模拟考，数学考得很差，平常我数学应该算好的嘛，但那次我考了班里最后一名。

王极盛：最后一名？状元历史上还有班里最后一名？

孙思思：那时候，我也不敢相信自己考得那么差，不过我哭过以后就好了。

王极盛：把自己压抑的东西释放掉。

孙思思：然后就不会当作负担了。

王极盛：你回想起来，那一次为什么会考成最后一名？

孙思思：那是第一次那种整体的模拟考试，可能以前学的东西我都忘掉了。再做的时候我本来对数学就很紧张嘛，一道题做不出来心里就很慌，那次一开始就做得很不顺，再加上很粗心，后面大题全部错了。

王极盛：你总结出什么教训了？

孙思思：即使做不出也不要慌，如果一道题做不出就做下一道，不要影响自己的情绪。要学会放弃。

王极盛：很重要。从教训中得出了经验。从你的实例可以看出来，人的学习和生活一样，没有一帆风顺的。状元也有失败的地方，失败是成功之母。哪有生来成功的状元，不可能的。状元可遇不可求，这次你是第一，再考一次，可能就不是了。

孙思思：肯定不是了。

王极盛：第二名、第三名可能上去了。过去比你好的，这次不行了。实力、机遇、心态综合起来，最好的结果是成为状元。你这次成了状元，有什么感想？在人生的感悟上。

孙思思：有些事情，你如果太想去实现它的话，反而不行。你虽然要去争，但是不能给自己太大压力。像"一定要争取到"，那就不行。应该是争取是争取，但是最后结果还是要顺其自然吧，不要过于强求。

王极盛：平常心，用平常心对待高考很重要。

孙思思：在关键时刻就要保持平常心，否则的话就会太紧张了。

王极盛：你这次来清华之前，学校老师都跟你说什么了？

孙思思：都让我继续努力。都说现在又是重新开始，以前的成绩都已经过去了，现在要继续努力，不能松懈。

王极盛：从零开始，新的起跑线，大家在一个起跑线上竞争。我相信你一定会成功。所谓成功就是发挥出自己的水平。高考也是一样，什么叫成功？我本来是580分的水平，我考了580分就是成功，如果考520分就是失败了。

孙思思：对于高考我觉得，能够正常发挥就够了，不期待自己会超常发挥。稍微失常一点我觉得也是正常的，因为毕竟是高考。所以基本上希望正常发挥就好。

王极盛：你觉得你这次的考试成绩，有点超常吗？

孙思思：太超常了。

王极盛：那你平时的成绩能考多少？

孙思思：我觉得应该可以考六百七八十吧。

王极盛：现在呢？

孙思思：708分。

王极盛：708分，相当高了。你们省里700以上的有几个？

孙思思：可能有十来个吧。

点评

孙思思同学是县里一所中学的学生，她平时考试排在前十名，原来计划考同济大学，后来却成为浙江省理科状元，考入了清华大学。

开始我还不太相信，孙思思同学在高三的一次考试中数学竟成为班里倒数第一名，我还以为自己听错了，是不是把数学班里第一名听成倒数第一名？在高三考试当中，数学考了班里倒数第一名，结果在高考时成为班里分数最高的人，成为学校分数最高的人，成为县里高考分数最高的人，成为市里高考分数最高的人，成为全省高考分数最高的人。反差之大，令人惊讶。

为什么会出现这种情况呢？她那次数学没考好，是因为高一、高二基础的东西忘掉了。没考好本身当然不高兴，是不好的事儿。但孙思思同学通过深刻反省，认真吸取教训，查出原因，采取措施解决，终于不仅数学成绩上去了，整体成绩都上去了，最后一举夺冠，成为浙江省理科状元。

学生考试总有考好的时候，总有考坏的时候。每次都考好，每次都是班里第一名，几乎是不可能的。所谓考得好，只是在多数情况下考得比较好。学习好的同学也有失误，也有漏洞，也有需要查漏补缺的地方。人人如此，人无完人。只是说，只要一个人是不断进步的，就算很好了。

我说这些话是什么意思呢？我希望考生能从孙思思同学从数学班里倒数第一名到高考浙江省第一名这样巨大的反差中受到启发，失败不要紧，爬起来再干。考坏了不要紧，要找出原因，提出切实的解决措施。这样就能坏事变好事。特别高三下学期，尤其是接近4月份以后，考试是家常便饭。聪明的考生从考试中不断地总结经验，不断地找出自己的问题，不断地提高自己的成绩，不断地锻炼自己的心理素质。

看起来聪明，实际上不聪明的考生，他们一旦一次考试失败，就一蹶不振；或者一次考得很好，就沾沾自喜，忘乎所以。这些都是心态问题，都是对考试的态度问题。对考试态度不一样，考试心态不一样，考试结果不一样。

孙思思同学还说，她们省里有500名考生有冲击省里第一名的实力，我觉得也是如此。与孙思思同学平时实力相仿的同学，在浙江省肯定是很多的，能否考好，就在于在平时的考试中能不能不断地积累经验和考试技巧，不断地查漏补缺，心理状态不断受到锻炼。这样，在高考时自己的学习实力，自己的心态，自己的状态最好地结合起来，就成为状元。在这个意义上来讲，状元有他的必然性。

但从另一个角度看，状元也有他的偶然性，要在高考那几天，把学习实力和考试状态等因素最佳地结合，那就看当时的情况了。我们不求成为状元，只求正常发挥，做到无怨无悔，力求超常发挥，做到喜出望外。换句话说，就是要掌握高考规律，使高考成功。

孙思思同学说得好，要把高考看成人生的一种经历，去体会它、去享受它。有这样一种心态，和那种把高考看成是"决定人生命运的决战"，是生死关口，是过鬼门关的心态就不一样了。由于孙思思同学把高考看成人生经历，看成一种体验、一种体会，所以她高考前心态还是比较好的，平时做什么，高考前还做什么。这样就能以平常心对待高考，考试时基本上也能保持心平气和，那样就能发挥好。

这里还要讲一下孙思思同学说的，考试要学会放弃，这个太重要了。很多考生之所以考不好，原因很多，其中一个重要原因就是没有学会放弃，每道题都想拿分，特别是想拿难题的分。这是不少高考失利同学的通病。拿到卷子之后，一看分，20分、30分，心想这些分拿到手，就占卷面几分之几了，因此往往迷恋于难题。由于期望过高，越做越不会做，越没有思路，时间过得很快，一看20分钟、30分钟过去了，心里发慌。放弃舍不得，不放弃又怕后面的题做不完，高度焦虑，心理冲突得厉害。在这种情况下，极容易错题，容易计算错误。在这样的心态下，自然发挥不好。

每个同学高考前都有一个计划，都有一个思考，自己哪类题要一分不少地拿到手，哪类题力争把全分拿到手，哪类题做几个步骤算几个步骤，心里大体有个数。以平时的实力对待高考试卷的题目，不能不顾实际。如果不顾实际一味追求高分题，那么不但拿不到分，而且应该拿到的分由于时间关系也没拿到手，遗憾终生。

很多优秀考生看到一道题后，如果5分钟、10分钟后没有收获，干脆放弃，去做其他题。说不定以后再回来做反而由于各种联想的缘故，迎刃而解。这既属于做题的技巧和策略，也属于对高考的态度。

我建议考生要学会放弃，在考试时要有所为有所不为。养成这种习惯，形成这种策略，需要在平时考试中逐步受到锻炼，而不是一次高考就能学会的。所以我建议所有高考考生对考试要做到有所为有所不为，一定确保该拿的分拿到手，能拿的分尽量拿到手，可拿可不拿的分争取部分拿到手，必要时有些题干脆放弃。希望考生们认真思考这一问题。

高考无权决定你何去何从
——访评高考广东省理科状元李博萌

> ● 状元金句 ●
>
> 高考不能决定你的喜怒哀乐，更无权决定你何去何从。

李博萌同学在高考之前给自己做了很多的心理调适。在她的桌子上贴着这样一句话：高考不能决定你的喜怒哀乐，更无权决定你何去何从，是金子肯定会发光的。

王极盛：请你做一下自我介绍。

李博萌：我叫李博萌，深圳高级中学的毕业生。我是北大数学科学学院的新生。

王极盛：你是根据什么报考的，是依据一模、二模的情况吗？

李博萌：一模我考得不好，因为我挺倔的，当时我不太喜欢那份卷子，觉得卷子出得不好，所以我没想考好，也没怎么影响我的情绪，但是把老师弄得很紧张。我无所谓，二模考得就很好，那个分数就是可以上北大的边缘分数。我自己就觉得，我还能考得更好。因为本身我的特点就是各科发展比较均衡，但是平时考试我很难做到一次考试能让各科都正常地发挥，总是有那么一两科考得不是特别好，但是又没有固定地说这是我的弱项。我一直很明确，我高考的目标就是正常发挥，只要每科能正常发挥我就一定能上北大，这一点我很清晰。所以我想，这个目标对我来说应该是不难达到的。

王极盛：你一模没考好，当时是什么心情？

李博萌：一模没考好，我就觉得没关系，一模没考好不是我的问题，我是在储存实力呢。

王极盛：你怎么故意不考好呢？

李博萌：因为我觉得那个卷子出得不是太好，而且当时我的状态也不是太好，好像第一轮复习还没有结束，反正自己头脑里对知识的脉络还不是特别清晰。当时就有直觉，如果现在让我参加高考我肯定考不好，所以我一模考不好是正常的。

王极盛：你在学习中遇到过什么样的困难？特别是在重大考试中受到挫折时是怎么想的？怎样来解决这个难点？

李博萌：重大考试遇到挫折心里肯定是难受的，但是因为老师一般都挺照顾我的，我要是没考好的话就跑去跟老师聊天，老师们就会开导和启发我，这点我觉得真的是受益匪浅。

王极盛：你觉得学校里哪些老师对你帮助特别大？

李博萌：说来也应该是那位物理老师吧，李老师。我进了他那个班以后通过一段时间的学习，他就跟我谈过一次，当时他就给我树立了北大、清华的概念，这件事在那之前我从来都没想。那个时候，我第一次想到了是不是应该冲一冲北大、清华了。那次谈话确实是给了我很大的动力，后来学习特别积极，我觉得从那个时候开始我的学习就进入了一个新的阶段。

王极盛：他对你树立信心，发掘潜力起了很大作用。

李博萌：对，他有一个特点就是特别会鼓励人。

王极盛：他会怎么鼓励你？

李博萌：比如说即使你有一次考试考得很差吧，尤其是在你心情特别不好，特别低落的时候，他就会说一些能把你的前途描绘得特别好的话，而且会让你觉得它就应该那么美好。这样，他就把你的情绪调动起来了。

王极盛：你觉得他对你调整心态和强化信心起了很大作用？

李博萌：对强化信心起了很大作用。考试结束以后，我们同学就对我说，特别敬佩我，觉得我特别有冲劲，想学好就一定要学好，愿意去跟别人一争高下，都是这种信心对我的帮助。

王极盛：这次高考你的心态怎么样？

李博萌：心态就是好，所以才考得好。

王极盛：你的心态好表现在什么地方呢？

李博萌：一进考场的时候，发下来卷子之后我没有急着去答题或写什么，我就坐在那里，然后就深呼吸一下让自己稍微平静一下，接着填写姓名和考号，写完之后从头到尾浏览一遍试卷，让自己的心情先平静下来，然后看到每一道题的时候就不容易慌了。

我就是比较平静，高考之前我给自己做了很多的心理调适，在我的桌子上贴着这么一句话：高考不能决定你的喜怒哀乐，更无权决定你何去何从，是金子肯定会发光的。如果说你本身非常有能力，高考失误了的话，你以后一定能找到机会把你的能力发挥出来。所以我认为高考不一定要考得特别好，自己把它看得比较淡，所以自己也就比较容易平静下来。然后考试的时候就像平时一样，像数学考题中出了一两道比较新的题目，尤其是倒数第二道，那个题型平时都没有见过的。我当时做那个题时就是觉得新鲜，它那个思路跟平常的题目不一样，我就跟平时一样。高考就这么考下来了，后来就等成绩。

王极盛：你不是如临大敌，而是觉得挺好玩的，是吧？

李博萌：对，是感觉挺好玩的。

王极盛：这是两种截然不同的心态，效果就不一样了。

李博萌：对，本身我平时的学习就没有像有些好学生那样是死拼时间拼出来的，我是想学的时候学，想玩的时候玩。我觉得这样挺好的，我学习上的最大特点就是效率比较高，所以看起来不用功，但是能学得比较好。

王极盛：这也是你成功的秘诀之一呀。

李博萌：对，从小我爸就跟我强调效率，效率。

点评

　　李博萌同学过去没有和我见过面,但是她看过我写的书,所以见到我就感到很亲切。她也有点遗憾,如果她妈妈在这里的话,我们两个人照个照片多好啊。这样一说就把我们的情感拉近了,所以交谈起来非常轻松自在。

　　李博萌同学对高考的态度是值得很多高三同学思考的。有许多高三同学把高考看成是非常残酷的,甚至有人说高三这一年是可怕的一年,是过着非人生活的一年。

　　李博萌同学是怎么看待呢?她说,高考其实不是一件很可怕的事情。她曾经在一本书上看到一个同学说的一句话:高考的难度是被老师说难了。她觉得这句话很有道理,我觉得也是有些道理的,高考的难度是被某些老师说难了,也是被某些家长说难了,是被社会舆论炒难了。高考当然是选拔性考试,它是一种竞争性、淘汰性的考试,虽然它有竞争的一面,但也不像有人那样把高考炒成是决定人生命运的头等大事。我们不否认高考是人生道路上的一个重要环节,但它并不是决定人生命运的唯一事情,真正决定人生命运的是人的素质、理想、信念、信心、意志,说得更明确一点,是被人的人生观、价值观所制约的。

　　当然,我并不是说大学教育不重要,大学教育对人的成长起着很重要的奠基作用,对培养人的科学文化素质、心理素质、道德素质起了奠基的作用。我们强调的是不要把高考看得太难了、太重了,高考不是人生的鬼门关,它只是人生的一条出路。人生的出路很多,高考是一个比较理想的出路,但能否最后把理想变为现实,还要看毕业以后自己走什么样的路。在这件事情上李博萌同学说得好:高考不能决定你的喜怒哀乐,更无权决定你何去何从。她还说了一句话：是金子肯定会发光的。只要你有正确的价值观、人生观，你的素质好，你有信念、有理想、有抱负，又能脚踏实地去努力，就一定会成功。

实践证明，把高考看得相对比较平淡一些的考生，反而在高考时能够以平常心去对待，能放松地去考，能在没有很大的心理压力的情况下去考，结果发挥得好，考得好。而那些把高考看成决定终生命运的头等大事的考生，反而由于心态不好，情绪高度紧张，高考时却发挥不好。

我的一份有关高考前考生心态的调查表明：认为高考不好会影响自己前途的人占77.2%，其中轻度者占32.5%，中度者占26.4%，偏重者占12.9%，严重者占5.4%。认为高考是人生大事、我紧张的考生占79.2%，其中轻度者占38.9%，中度者占27.5%，偏重者占9.6%，严重者占3.2%。认为考不上大学影响自己的理想实现者占79.1%，其中轻度者占31.8%，中度者占28.9%，偏重者8.6%，严重者9.8%。

从这些调查数据可以看到，相当多的考生高考前把高考看得太重，以致造成心态失调，影响高考的发挥。从这个意义上来讲，很多考生没考出平时的水平就是因为心态不平衡，把高考看得太重了。

在与李博萌同学交谈中，我觉得，学习态度与学习兴趣对学习成绩也有很大的关系。李博萌同学高一的时候对物理不感兴趣，不好好学，这就是她的学习态度。当然老师也有责任，物理老师病了，其他老师轮流给他们上物理课，这样课程没有系统性，教学方式也各有不同，直接影响了她的学习态度。后来她发现实验班有一位物理老师课讲得非常好，就硬着头皮两次去找这位老师，要求到这个班里去，最后老师终于满足了她的愿望。从此她学习物理的欲望强烈起来，学习劲头非常足，学得也很好，以至成为全年级物理第一名并一直保持住了自己的水平。

由此可见，学习成绩的好坏受多种因素影响，其中自身的因素是最重要的，而在自身因素当中学习态度又是重中之重。学习态度改变了，学习自然有兴趣，学习的劲头足了，学习的成绩也就上去了。

考前看了很多心理调节的文章
——访评高考广东省理科状元李炜

> **● 状元金句 ●**
>
> 我觉得最重要的是要有良好的心理素质。高三考试，它不仅仅是测验学习方面的东西，更重要的是测验心理方面的素质。

李炜同学说，考试前他看了很多进行心理调节的文章，进入了一种没大压力的状态。同学说他好像一点都不紧张。

王极盛：李炜同学，首先祝贺你考取清华大学，并且成为全国高考广东省理科状元。请你谈谈你高考成功，并成为理科状元的最重要因素是什么？

李炜：我觉得最重要的是要有良好的心理素质。高三考试，它不仅仅是测验学习方面的东西，更重要的是测验心理方面的素质。我觉得我的相对优势就是平时考试很稳定，心理素质比较好。心理素质嘛，我认为最重要的是要有信心，相信自己能够做好，相信自己考试能考出最好的水平。所以整个高三虽然考试很多，有成功也有挫折，但是我一直都保持旺盛的斗志，并坚持下来。我觉得这对我在高考中取得好成绩是至关重要的。

王极盛：说一说你在高三学习当中遇到哪些挫折了？

李炜：大概是高三上学期期中考试，我平时学习成绩都是保持在前十名吧。

王极盛：年级前十名？

李炜：对。

王极盛：你们年级有多少人？

李炜：700多人。那次成绩就跌到大概二十多名吧，我自己觉得很不满意。

王极盛：当时是什么心情？

李炜：当时就觉得自己要加倍努力才行，就是这种心理。

王极盛：那次跌到二十多名到底是什么原因？

李炜：我想可能是高二放暑假的时候没有抓紧，放松自己，所以落后了一些。

王极盛：你当时怎么想办法克服这种状态？

李炜：就是利用好一切学习的时间，要有高效率的学习，下定决心要努力、刻苦地学。我相信自己努力的话一定能够赶上去。

王极盛：那后来呢？

李炜：后来就慢慢地赶上去了，到高三下学期基本上就是年级的前列了。

王极盛：第几名？

李炜：有几次是第一，有几次是第二，就是这个水平。

王极盛：你们一共模拟考试几次？

李炜：模拟考试有三次。第一次是第八，第二、第三次都是第一名。

王极盛：你这次高考不仅成为你们学校第一名，而且成为广东省第一名，标准分900分，并列第一。原始分不知道吧？

李炜：不知道。

王极盛：算并列第一。你觉得最关键的，最主要的因素是什么？

李炜：最主要的因素？

王极盛：大家都实力强，你们学校的前十名都有可能争夺900分的状元，为什么你显露出来了？

李炜：我觉得在高考那三天时间内，心态摆得好、摆得正，发挥也很稳定。因为第一天下午考数学的时候，刚好打炸雷，很大声音，而且又下很大雨，对我们考试有一定影响。那次数学没有做完，剩下最后一道题两问没有做完。当时我就想，考完试就让它过去吧。而且从这次推论情况，就跟1999年那次一样，数学题很难，有许多同学考完数学以后心里包袱放不下，结果影响了后面的考试。我想这个题目很难，但是你难我难，大家都难。我这次发挥不好不一定不能得第一。要摆正心态，后面的考试就顺利。我觉得这三天能够发挥很稳定，是很重要的。大概还有运气。我可能运气好一点。后面的语文和英语的作文，分数高一点，成绩就上去了。

点评

李炜在高考中总分数(标准分)900分,成为全国高考广东省理科状元。当然还有几位同学标准分也是900分,因为不知道他们各自的原始分,所以有几个900分,就有几个并列第一名。李炜就是与其他几位同学并列广东省第一名。

他为什么能成为广东省高考状元呢?他说,最重要的是他有良好的心理素质。他认为,心理素质好最重要的是要有信心,相信自己考试时能考出最好水平。我想,这也是李炜同学能高考成功的重要原因。

我曾经总结高考调节心态的十六字诀:强化信心,优化情绪,进入状态,充分发挥。而信心是高考成功的精神支柱,是高考成功的灵魂。信心确实在心态中占有基础性的、奠基性的作用。一个考生,只有相信自己的实力,相信自己能考出最佳水平,才能使自己情绪稳定,使自己情绪饱满,进入考试状态,才有可能正常发挥。

当然,信心是建立在自己学习实力的基础上的,没有学习实力,盲目乐观,那信心也是靠不住的,是经不起考验的。信心是建立在刻苦学习的基础上的。而李炜同学的信心就是建立在平时的学习基础之上的。

李炜同学不仅平时学习基础好,有适合自己的学习方法,而且他也很重视心理素质的锻炼。他高考前看了一些调整心态的书,对他也是有帮助的。我有一项研究,即20个影响高考的心理因素在高考中的作用,结果表明,学会调整心态,是20个心理因素中最重要的一个,占第一位。

应该说,很多同学在学习生活中也积累了一些调节心态的经验,但是毕竟还是很不够的。我有一项研究表明,高考前不会调节心态的同学占60.8%,其中轻度者占37.5%,中等程度者占15.1%,偏重者占4.3%,严重者占 3.9%。

在高考中一个考生能否正常发挥，关键在高考时能否保持一个平和的心态、一个稳定的心态、一个情绪饱满的心态。这就需要考生在考前调节好心态，在考试中能随时随地调整心态。由于考试时间有限，如果考试时心态变化太大，又不能较快地、较好地调节过来，势必影响考试成绩。

考生要总结自己调节心态的好经验、好方法，在高考前后随时应用。也要看一些专家写的关于调整心态内容的书，从中吸取有利于自己调节心态的方法，并且最重要的是要会用。同学们看有关调整心态的文章，如果感觉符合自己需要就要经常操作、经常运用。到高考前后，一旦遇到心态的问题，就能及时调整，就能收到很好的效果。

有一些同学，他们光看不练，也很难收效。

调节心态的方法很多，属于认识方面的，即所谓"转过弯来"的，要转变观念，看透事物的本质。比如说有的同学谈到，今年数学考试有的题是大题，最后一道题两问，没有做完。他就是从认识角度去改变自己的，可能采取了不正确的想法，他认定这次考试题很难。这个题目对大家都难，对每个考生都是难的，你难我也难，我做不好，别的考生也做不好。这样，通过认识的改变，心态自然就平衡了。

有些调节心态的方法，是需要操作的，比如说深呼吸。我经常跟考生讲，你不要小看深呼吸。掌握好了深呼吸，运用熟了，高考时遇到紧张的情况，你就可以运用深呼吸来消除自己的困惑和紧张。

深呼吸的要领就是缓慢地、有节奏地吸气，然后缓慢地、有节奏地呼气。在缓慢有节奏地吸气之后，最好停一下，再缓慢有节奏地呼气，这样效果很好。呼气时最好嘴稍微张开一点，随着呼气进行，你会感觉前胸放松，前胸一松，心情自然也就放松了。我还教大家一种我编制的心理健康操，也很有效。关键在于学会它，经常练。平时也会遇到困难，也会遇到心情不好的时候，做一做心理健康操，就能使你自己得到放松，就能使你情绪愉快起来。

当然，我强调心理素质的锻炼，是在平时的学习生活中进行的。心理健康教育是一种体验教育，感悟教育，习惯教育。同学们在学习生活中要认识到心理健康的重要性，逐渐学会调节心理的方法。也要像李炜同学那样，看一些心理健康调节方面的文章。一方面，自己体验，自己感受。另一方面，学习别人的经验和好的方法，把自己和别人调节心态的方法结合起来，加以融会贯通，变成适合自己的、比较有系统的，有成效的心理调节方法。这不仅对高考有用，在你人生的奋斗道路上都会有重要作用的。特别现在是知识经济时代、竞争时代，一个人在社会上、工作中不可能一帆风顺，会面对各种压力、各种困难，要去奋斗、去生存、去创新，因此，学会调整心态就极其重要。